연세국학총서 31
이종영유고집

朝鮮前期社會經濟史研究

李 鍾 英

혜안

간 행 사

　일찍이 해방 전부터 우리나라 국학연구의 본산이었던 연세대학교는 1948년에 동방학연구소를 창설하여 한국을 중심으로 한 동아시아 지역의 역사, 문학, 철학 등에 관한 연구를 행하였고, 1977년에는 이를 국학연구원으로 확대·개편하여 보다 체계적이고 효율적인 국학연구를 수행하여 왔다. 그리고 최근에는 국학연구를 '교책 특성화 사업'의 하나로 정하고 국학연구단을 조직하여, 세계적인 수준의 한국학 연구기관으로 그 위상을 높여 가고 있다.

　본서는 이러한 국학연구 사업의 일환으로 간행되는 것이다. 본서의 저자인 고 李鍾英 선생은 연세대학교에서 30여 년간 한국사 연구에 매진하였고 후학을 양성하였으며, 국학연구원의 위상을 높이는 데 공헌하였다. 선생은 1981년 이후 모두 7년 여간 국학연구원장으로 재직하는 동안 정인보, 백남운, 홍이섭 선생 등 여러 선학들이 개척한 국학의 이념과 방법을 계승 발전 시키고자 크게 노력하였다. 이 기간에 선생은 『담원정인보전집』과 『홍이섭전집』을 편찬하였으며, 국학연구원의 기존 사업을 심화시켜 1967년부터 시작된 실학공개강좌를 마무리짓고, 고구려사를 비롯한 북방사 연구를 추진하였다. 특히, 선생은 그 간행을 1년에 네 번으로 정례화하는 등 『東方學志』의 운영에 심혈을 기울였으며 그 결과로 『東方學志』는 수준높은 최신의 연구성과를 반영하는 국내 최고의 국학연구 학술지로 성장하게 되었다. 국학연구원이 우리나라 국학연구의 대표적인 연구기관으로 자리잡게 되는 데에는, 그간 연세 국학의 선학들이 이룬 연구와 함께 선생의 국학연구 활성화 노력이 그 바탕이 되었다.

본서는 이종영 선생의 한국사 연구가 집약된 것으로, 조선전기 사회를 토지제도, 상업, 화폐, 조운 등의 사회·경제적 측면을 중심으로 조망하고 있다. 이 연구는 사회경제사적 역사인식과 실증적 역사방법론을 결합하여 엄밀한 사료비판과 치밀한 논증으로 조선전기 사회경제사를 역동적이고 발전적으로 해석하고 재구성한 역저로 평가된다. 이 책이 간행됨으로써 우리 학계는 조선시대 역사를 보다 깊이 있게 이해할 수 있는 시각과 논리를 하나 더 확보하게 될 것이다.

문과대학장 그리고 국학연구원장으로 동분서주하셨던 고 이종영 선생을 평소에 존경하여 따랐던 후학의 한 사람으로 선생께서 온갖 열정을 쏟았던 본원의 원장직을 이어받아 다시 유작의 간행사업에 참여하게 된 것이 매우 감개무량하게 느껴진다.

본서의 출간을 위해서 많은 분이 애를 쓰셨다. 머리글을 써 주신 이희덕 선생과 교정과 색인을 담당한 사학과의 이정훈·김정신 박사생 그리고 어려운 출판계의 사정에도 불구하고 출판을 맡아주고 훌륭한 책으로 완성되도록 정성을 다한 혜안출판사에 감사드린다.

2003년 3월

연세국학연구단장
국 학 연 구 원 장　　전 인 초

머 리 글

李鍾英 교수님이 세상을 떠나신 지 벌써 십 년이 넘게 되었다. 세브란스병원 입원실에서 해를 거듭해 가며 그처럼 오랫동안 고통스러워하시며 지루한 투병 생활을 하시던 모습이 지금도 선연한데, 마석에 자리잡은 선영, 양지 바른 산소에는 어느새 잔디가 어울려 가지런하게 뿌리를 내리고 있고, 주위를 에워싼 두레솔도 자리를 잡고 있어 제법 성상이 쌓임을 실감하게 한다.

해마다 5월이 되면 기일을 전후하여 몇몇 제자들이 정성스레 꽃을 들고 산소를 찾아 간소한 제수나마 상석 위에 차려 놓고 고인을 잊지 않고 추모하여 왔다. 생시에 맥주를 즐기셨다고 하여 제주는 늘상 맥주를 드리고 봉분 둘레에 여기 저기 뿌리면서 고인의 모습을 회상하곤 하였다.

선생은 30년이 넘도록 모교 사학과에 재임하시면서 학문을 사랑하고 학문연구를 위한 환경 조성에 남다른 정성을 기울이셨다. 학교의 공간사정이 어려운 상태에서도 대학원생을 위해 학술서적을 갖춘 합동연구실을 마련하였고, 때로는 제자들의 취직 때문에 동분서주하며 많은 성과를 거두기도 하였다. 그리고 문과대학장 재임시에는 넓은 학장실을 3~4평 정도로 줄여 교수들에게 할애하기도 하였다.

또한 선생은 국학연구원장직을 전후 7년 동안 맡아서 그 기능을 활성화하셨다. 특히 『東方學志』를 1년에 계절별로 네 차례 발간하는 데 진력했다. 그런데 논문 수급이 그리 용이하지 않아 때로는 지방으로 손수 차를 몰고 출장하여 가며 논문을 청탁하기도 하였다. 그러면서 한때 당시 학회를 맡고 있던 필자에게도 여유분 논문을 부탁한 일도 있었다. 그리하여 매번 두툼한 분량의 『東方學志』를 때맞추어 간행할 수 있게 되었으며, 오늘날 지령 118호라는 방대한 연구성과를 거둘 수 있게 되었다. 그리고 선생은 국학계의 중진학자나 신진연구자에게 발표의 기회를 마련해 주기 위하여 거의 매주 금요일에 연구발표회를 열었다. 최신의 연구를 알리고 후속 연구자를 길러내려는 의도였다. 이 모든 것이 당시로는 시대의 흐름을 앞서 간 것이었고, 지금의 많은 국학계 중진학자들은 그러한 선생의 행적을 기억하고 있다.

고인을 추모하는 마음은 이미 1주기를 맞았던 1993년에 『東方學志』 77·78·79 合輯의 추모논총에서 스승·우인·후배·제자들이 정성어린 논문을 담아 그 일단을 표한 바 있다. 그러나 정작 고인의 학문적 업적을 모아 편찬하지는 못한 것을 못내 아쉽게 여기고 있었다. 그러던 가운데 1주기가 지난 이후 사학과 朱容立 교수에 의해 논문과 기타 여러 논술들을 모아 출판하려는 노력이 있었으나 일이 잘 성사되지 못한 채 차일피일 미루어지게 되었다.

지난해 말부터 고인을 정성으로 모시던 사학과 都賢喆 교수가 중심이 되어 다시 고인의 저작간행 계획을 마련하였고, 국학연구원의 뜻으로 국학총서로 간행되게 되었다. 이번에는 학술논문만을 모아서 간행하기로 하고 다른 글들은 새로운 기회로 미루기로 하여 실행에 옮기게 된 것이다. 여기에는 사학과 제자인 혜안출판사 사장 오일주 동문의 호의가 큰 힘이 되었다.

이제 5월이 오면 11주기를 맞이하게 된다. 이번에는 고인의 묘

석 위에 당신이 그토록 고심해서 이룬 글들을 모은 『朝鮮前期社會經濟史硏究』를 봉정하게 된다. 그리도 즐기시던 맥주도 흠향하면서 펼쳐 보시게 될 것이다. 가까이 지내던 주변 몇 분에게 머리글을 부탁하였으나 굳이 사양하므로 부득이 거친 글이나마 무릅쓰고 여기에 부치게 되었다.

2003년 2월 15일

李 熙 德 삼가 씀

목 차

제1장 僧人號牌考

1. 序言

　李氏王朝는 국가가 필요로 하는 노동력을 軍役이란 이름 아래 국민으로부터 수취하였다. 이러한 군역의 수취과정에 있어 군역의 직접 담당자인 軍丁의 확보가 우선 앞서야 했다. 軍丁을 최대한 확보하기 위해서는 정확한 戶口成籍이 이루어져야 했다. 李朝政府가 건국 직후인 태조 3년에 서둘러 戶口成籍에 착수하고 있는 所以도 여기에 있고, 태종 13년에 처음 실시된 號牌法이 목적한 바도 여기에 있었다.

　號牌法에 대하여는 李光麟氏의 「號牌考」[1]에 자세하거니와 僧人號牌法은 세조 7년 10월에 처음 시행되었으니 그것은 이보다 조금 앞서 세조 5년 2월에 제2차로 실시된 호패법의 일환으로 마련된 것이었다.[2]

---

1) 李光麟, 「號牌考」, 『白樂濬博士 還甲論叢』, 1955.

2) 호패법은 세조 4년 4월 신유에 처음 논의되었으니 實錄에 "召左贊成 申叔舟 都承旨曹錫文 右副承旨金礩 傳曰 我國戶籍不明 今欲盡知戶口 之數何如 叔舟對曰 欲明戶籍 當復行戶牌之法 上嘉之 命與承政院 草 事目以啓"(『世祖實錄』 권12, 세조 4년 4월 신유)라고 보인다. 이 뒤 同月 壬戌에 12조로 된 호패 시행세칙이 마련되고(『世祖實錄』 권12, 세조 4년 4월 임술), 뒤이어 同年 7월 경인에는 약간의 개정이 가해진

李朝政府가 戶口成籍을 서둘렀음과 같이 태조 원년 9월에는 度牒法을 공포하여 軍民의 出家를 제한하였다.3) 출가의 제한은 이씨 왕조의 排佛崇儒란 유교주의 정치의 구현이거니와 軍丁 확보라는 군사적·경제적인 면에서도 그와 같은 조치는 불가피하였던 것이다.

승려의 신분증이면서 동시에 免役證이기도 한 도첩 수취에 의해서만 출가를 공인토록 한 도첩법이 실시되어 왔으므로 원칙적으로 도첩을 갖지 아니한 승려란 있을 수 없다고 한다면, 이미 軍役에서 면제된 승려와 軍丁 확보를 목적으로 한 호패법은 어떤 관계에서 僧人號牌法이란 이름으로 승려에게 적용되었는가. 또 그것은 어떻게 운용되었던 것일까. 그리고 승인호패법이 실시됨으로써 승려에게는 어떠한 영향을 주었을까. 이러한 문제들을 俎上에 놓고 다루

끝에 이내 공포 시행케 되고 同年 12월까지를 佩用 終限으로 정하였다(『世祖實錄』 권13, 세조 4년 7월 경인).

3) 이조 최초의 度牒法은 태조 원년 9월 임인에 都評議使 裴克廉·趙浚 등의 上言에 의해 "凡爲僧者 兩班子弟五升布一百匹 庶人百五十匹 賤口二百匹 所在官司 以此許入 方許給牒出家 擅自出家者痛理"(『太祖實錄』 권2, 태조 원년 9월 임인)라고 규정된 것에서 비롯된다. 이 태조 원년 법은 同王 6년 12월 갑진에 『經濟六典』의 편찬과 더불어 개정되었다. 六典 내의 규정은 다음과 같다. "洪武二十一年 使司受判 凡剃髮者 必受度牒 方許出家 已有著令 無識僧徒不畏國令不唯兩班子弟 有役軍人鄕吏驛子公私奴隷 擅自剃髮甚爲未便 今後兩班子弟 自願爲僧者 父母族人 告僧錄司報禮曹 啓聞取旨後 納丁錢 給度牒 許令出家 其餘有役人及獨子處女 一皆禁斷 違者還俗當差 其父母師僧及寺主 從重論罪 婦女守節削髮者 不在此限"(『世宗實錄』 권10, 세종 2년 11월 신미). 이 인용문에서는 丁錢額이 명확치 않지만 五升布 100匹이었다(『太宗實錄』 권15, 태종 8년 5월 무오). 오승포 100필은 세종 31년 정월 경술에 正布 30필 혹은 綿布 15필로 개정되었다(『世宗實錄』 권123, 세종 31년 정월 경술).

어 보려 한다.

2. 僧人號牌法의 制定

潛邸時로부터 불교를 옹호하여 儒生들에게서 비방을 받아오던 世祖가 왕위에 오르자 그의 평소 崇佛傾向이 차츰 정치에 반영되어졌다. 그는 儒臣들로 하여금 그의 재위 10여 년간을 통해서 한 번의 闢佛疏의 上呈조차 있을 수 없도록 排佛理論을 완전히 봉쇄하였다. 이런 반면에 불교에 대하여는 지방관의 사찰 搜探의 엄금을 비롯하여 儒生 上寺의 금지, 승려 使役의 금지, 사찰 보호시책을 적극 구체化하였다.[4]

세조는 종래 避役逃賦의 무리요 無父無君의 非人으로 지목되어 侵虐 賤待만이 가해지던 승려에 대하여 그들도 사회 성원의 응당한 일원임을 인정하여 佛道 수행이라는 그들 본연의 正道에 전념할 수 있도록 함이 마땅하다는 뜻을 밝힌 바도 있다.[5]

세조의 이와 같은 승려에 대한 관용과 배려는 도첩법 운용에서도 여실히 나타나고 있다. 즉 同王 3년 3월 병술에 예조로 하여금 中外에 撓諭토록 지시한 사찰과 度僧關係 合行事宜 7조에서 同王 3년 10월 1일 이전의 출가자는 일률로 도첩법 적용을 면제하고 동시에 출가한 날로부터 1년간이란 도첩 수취 유예기간을 설정하기

---

4) 『世祖實錄』 권3, 세조 2년 3월 무인, "傳旨刑曹曰 凡罪人搜捕時 雖至山房小寺例行根尋 吏緣爲姦無所不至 自今京中該司如有搜捕事 稟旨乃行 觀察使守令除受敎事外 山寺搜探 一切痛禁"; 권7, 세조 3년 3월 병술, "一. 官差及儒生不得上寺 如有犯罪僧人推問事 則必須啓聞後官差上寺 …… 一. 寺社貢賦外雜役一除".
5) 『世祖實錄』 권3, 세조 3년 3월 병술.

도 하였다.[6] 뿐만 아니라 同王 4년 8월로부터는 僧軍을 楡岾寺 重修事業을 비롯한 각처 營繕事業에 대대적으로 동원하고 부역대가로 도첩을 지급하는 일이 성행하였다.[7] 도첩법에 규정된 納丁錢이나 誦經 등의 제한이 일정기간의 從役으로 대치된 셈이다.

이러한 세조의 役僧度牒이라는 도첩법 운용상의 變法措置는 同王 4년 4월로부터 그 실시가 논의되기 시작한 호패법과[8] 관련이 있는 듯이 보인다.

호패법이 실행에 옮겨진 것은 翌 5년 2월부터의 일로 보이는데, 前年 4월 임술에 이미 號牌事目이 작성되고 있었다.[9] 사목에 의하면 동서양반을 비롯하여 모든 大小臣民의 호패 패용을 규정하고 있다. 호패법 실시에 있어 隱漏丁의 刷出과 有無役 良賤의 분간에 특히 중점이 두어졌으니 그것은 바로 多數한 隱漏丁의 존재, 양천 混淆의 폐단, 권문세가에 대한 投託 성행으로 말미암은 것이었다. 그렇다면 항시 避役逃賦의 무리로 지목되던 승려는 마땅히 호패법의 적용대상이 되었어야 할 것으로 생각된다. 그러나 호패 사목에는 無陰良人·公私賤·鄕吏·驛子·府吏·胥徒·民丁·軍丁 등에 대한 구체적인 규정이 열거되어 있으면서도 승려에 관계되는 규징

---

6)『世祖實錄』권7, 세조 3년 3월 병술, "一. 自丁丑十月一日後爲僧者 滿三月而不出度牒 則當身族親切隣中 告其不出度牒緣由于官 不告者 族親切隣論罪 每滿三月必告 滿一年猶不出度牒者還俗".

7)『世祖實錄』권28, 세조 8년 4월 기사, "禮曹啓 在先度僧之數 今不可考 自戊寅年八月 楡岾等諸處赴役僧人 已給度牒者四萬三千八百九十四 未給者二千七百四 共四萬六千五百九十八 役于懿墓及刊經都監 而受度牒者無定數 重修檜庵寺 期以訖工已給度牒者一萬五千二百七十四 未給者一千八百六 共一萬七千八十 然事畢無期 無識之徒爭相剃髮 其弊不貲 諸處役僧 請自今勿給度牒 從願賞職 從之".

8)『世祖實錄』권13, 세조 4년 4월 신유.

9)『世祖實錄』권12, 세조 4년 4월 임술.

은 전혀 없다. 이와 같이 승려에 대한 규정이 없음으로 인해서 승려는 호패 패용에서 애당초 제외되었던 것이 아닌가 하는 생각을 갖게 한다. 그와 같은 생각은 승려이면 누구나 가져야만 했던 도첩과 승려와의 관계를 살펴봄으로써 더욱 짙어진다.

원래 도첩은 국가가 승려의 신분을 공인한 신분증이며, 동시에 군역으로부터의 면제를 보장한 면역증이기도 하므로 도첩을 가진 승려는 군역과는 무관하다. 또한 승려됨을 출가라고 하니 출가란 가족과 絶緣하고 出世間하여 專心 佛에 귀의한다는 뜻이고 보면 승려는 가족과도 무관하다. 그러므로 승려는 군적상의 대상도 아니며 또한 호적상의 성원도 아니다. 일찍이 태종은 승려―도첩을 받은―는 국가와는 무관하다고 한 적이 있는데,10) 이 말은 위의 사실을 지적한 것이다. 이와 같이 승려는 일반 民丁과는 상이한 특수 신분을 지니고 있다. 그러므로 도첩을 받고 출가한 합법적인 승려는 호패법의 적용대상에서 제외되어도 무방한 것이기도 하다.

그러나 승려 중에는 도첩을 갖지 아니한 자가 허다하였다. 이 無牒僧은 그 자신 승려이나 국가의 公許를 얻지 못하였으므로 避役人에 불과하다. 그들은 僧形을 가장한 도망군정인 것이다. 그러므로 이들 무첩승은 隱漏丁에 포함되는 것으로 당연히 호패법의 적용대상이 되어야 한다. 그렇다면 이들은 응당 출가 전의 각자 신분으로 환속하여 호패를 받아야 옳은 것이다.

위와 같은 이치가 가당한 것이라면 승려에 대한 호패 규정이 필요 없음을 따라서 납득할 수 있으며, 또한 무첩승을 호패법 시행 결정과 때를 같이 하여 각처 영선사업에 동원하여 도첩을 주게 된 까닭도 이해될 수 있지 않을까 한다.

---

10)『太宗實錄』권34, 태종 17년 11월 임자, "佛氏之徒 雖爲異端 原其設心 慈悲爲宗 且旣給度牒出家入山 其無與於國家之事也 明矣 ……".

　호패법이 실제로 실행에 옮겨진 것은 同王 5년 2월부터의 일이
지만 이것이 논의되기 시작한 것은 同王 4년 2월부터의 일이고, 同
年 4월 임술에는 이미 앞서 언급된 바 있는 호패사목이 작성되고
同年 12월 말까지를 호패 패용의 終限으로 규정하고 있었다. 그런
즉 무첩승은 환속하든지 그렇지 않으면 도첩법에 따라서 丁錢을
납부하고 도첩을 받아 합법적인 승려가 되는 수밖에 없다. 그러나
正布 30필이라는 多額의 丁錢 납부에 의한 도첩 수취가 좀체로 용
이한 일이 아님은 이미 태종·세종조에서도 前鑑이 있는 터이니
결국 皆擧의 무첩승은 환속하는 도리 밖에는 없게 되는 것이다. 즉
위 초에 "백성을 子育할 책무를 맡은 君王으로 日夜로 염려되는
것은 백성 중 단 한 사람이라도 제자리를 얻지 못한 자가 있지나
않을까 하는 점인 바 고로 승려도 각기 수도에 전념하게 하는 것"
이라고 하여 그의 護僧 취지를 밝히고 있고,11) 또 앞서 본 바와 같
이 種種의 護僧策을 강구한 바도 있다. 세조의 이러한 호승 신념이
무첩승의 구제방안으로 役僧給牒이란 변법 조치를 강구하게 하였
다고 생각되는 것이다.

　役僧給牒의 변법 조치는 다수의 무첩승을 구제하는 반면에 일정
기간 부역에 종사하는 것만으로 終身閑遊의 특전을 입을 수 있는
승려가 되는 것을 피역의 방편으로 삼으려는 有役人이나 公私賤의
무리로 말미암아 많은 違法僧의 續出이란 결과가 뒤따랐다.12) 피
역을 도모하기 위한 위법승은 호패법의 실시 진척에 따라서 더욱
증가했을 것으로 짐작된다.

---

11)『世祖實錄』권7, 세조 3년 3월 병술, "傳旨禮曹曰 …… 予雖不德握符
　　乘運子育萬姓爲一國神人之主　日夜慮或有一物不獲其所者　故常護寺社
　　蠲除雜徭使僧俗各修其道 ……".

12) 주 4) 참조.

　　이러한 위법승의 증가는 호패법의 목적과도 상충되는 것이므로 이에 승려에 대한 단속책을 재고하지 않을 수 없게 된 듯하다. 그리하여 同王 7년 8월 기묘에 왕은 승려에 대해서도 호패법을 적용하되 승려의 호패는 京中은 兩宗, 外方은 諸山 維那寺로 하여금 諸寺僧의 본질 체모를 記載成冊하여 예조(경중)와 諸邑(외방)에 각기 轉報케 하고, 그 보고에 의거하여 호패를 급여토록 함이 어떠할까를 우찬성·병조참판 등에게 下問하였던 바 모두 찬동하였으므로 비로소 僧人號牌法을 別設하게 되었고, 이에 시행세칙도 작성되었다.13) 그러나 어떤 경위에서인지 바로 실행에 옮겨지지 아니 했지만 그 내용의 골자는 유첩승에게는 호패를 급여함을 원칙으로 하되, 도첩에 분명하지 않은 점이 있는 자는 환속하게 하며 무첩승일지라도 년 50세 이상자와 心行이 출중하며 衆人이 공인하는 자에게는 호패를 급여토록 하라는 것이었다.

　　그 뒤 同年 10월 을해에 예조는 근래로 有役人 혹은 公私賤輩가 差役을 窺免하고자 違法出家한 자가 많으나 그렇다고 依法 推刷하자니 옥석을 분간키도 어려울 뿐 아니라, 오히려 소란을 빚어낼 우려가 있다 하고 승인호패법을 시행하여 奸僞를 막도록 요청하였다. 그리하여 호패 조건이 결정되고14) 이 조건에 준하여 翌 8년을

13) 『世祖實錄』 권25, 세조 7년 8월 기묘, "上問右贊成具致寬 兵曹參判金國光曰 僧徒號牌詳悉爲難 予欲京中則令兩宗備錄諸寺僧本貫體貌 轉報禮曹 外方則令諸山維那寺備錄諸寺僧 報其邑 隨卽印給 如有度牒不明者 勿給牌窮推還俗何如 僉曰可 遂定僧人號牌之法 一. 用圓牌 刻容貌歲年及父名本貫 一. 京外官錄簿 以憑後考 一. 錄報時須考度牌 其中年老及衆所共知有心行者 雖無度牒幷報 無心行不誦經者 勿報".

14) 『世祖實錄』 권26, 세조 7년 10월 을해, "禮曹啓 前此削髮爲僧尼之法極爲詳備 近年以來 凡諸有役之輩及公私賤隷窺免差役 任情剃髮 不居寺院仍對妻孥 盜賊亦多剃髮 官吏不能究治 緣此無賴之徒 皆樂爲僧 宜據法沙汰 恐玉石混淆 反生騷擾 請立牌號之法 以杜姦僞 號牌條件具錄

給牌終限으로 정하고 실행케 되었는데 급패 대상은 전번이나 다름
없었다. 이 호패조건은 同王 9년 정월 임인에 미비한 곳이 보충되
었고 급패종한도 다시 同王 11년 12월 말까지 3년간 연장되었
다.15) 이 보완된 승인호패법의 내용은 전의 호패조건과 별 차이가
없고 다만 급패 절차를 더 자세히 부연하였을 뿐인데 이후로 다시
改正된 바도 없었으니 그 규정은 다음과 같았다.

一. 號牌體圓經二寸　前書職名年甲形貌(形貌日月依俗人例書之)
一. 篆印　京中則禮曹　外方則邑名　前後面上下端印之
一.　京中則兩宗　各其所屬寺住居僧人　具職名年甲形貌　傳報禮曹
　　外方則諸寺色掌僧　依京中例　書呈其邑　受牌時各持度牒　親到
　　禮曹及都會官　考准給牌　其中年五十以上及衆所共知有心行者
　　雖無度牒　亦給
一. 京外給牌僧成籍　京中藏于兩宗及禮曹　外方則其邑及禮曹　失牌
　　者考籍改給
一. 僞造者　依俗人例　論罪後還俗
一. 依俗人定限　給牌
一. 上項事件外已前受敎　並不遵行16)

3. 僧人號牌의 發給

　승인호패법에 따르면 호패를 받기 위해서는 우선 도첩을 가지고
있어야만 한다. 물론 도첩을 가졌어도 奸僞가 있으면 호패를 받을

于後 ……".
15) 『世祖實錄』 권30, 세조 9년 정월 임인.
16) 『世祖實錄』 권30, 세조 9년 10월 임인.

수 없다고는 하지만 그와 같은 간위의 적발은 그리 용이한 일이 아니다. 간위를 적발해 내려면 무엇보다 考准에 資할 만한 文籍이 구비되어 있어야만 될 터인데, 승인호패법이 시행된 지 이미 오래인 세조 8년 7월 신축에 왕이 호패법 진행 상황을 문의한 데 대해 右副承旨 盧思愼은 그의 답변 가운데에서 도첩을 詳考할 만한 문적이 없음을 말하고 있다.17) 給牌事를 관장하는 官府의 실정이 이러하니 도첩을 가진 자의 대부분이 호패를 받을 수 있었을 것으로 짐작된다.

그러므로 승인호패법의 實을 거두려면 무엇보다 도첩 발급, 즉 도첩법 운용에 엄격을 기했어야 할 것이었다. 그러나 사실은 그렇지 못하였다. 同王 8년 4월 기사의 禮曹啓文에 의하면 戊寅年(세조 4년) 以降 楡岾·檜庵 等寺의 重修를 비롯하여 懿陵 刊經都監 等 各 營繕處에 從役하여 이미 도첩을 받은 자가 거의 6만 명에 달하고 장차 받아야 할—현재 從役中인—자가 또한 4천 5백여 명에 달한다고 하였으니,18) 승려호패법이 실시되고 있는 중이면서도 무첩승은 還俗充軍하기는커녕 도리어 도첩을 주어 사역하기가 일쑤였던 것이다. 도첩의 濫給은 이러한 准役給牒에만 그치지 아니했다. 同王 10년 5월 정사의 史官의 言에서와 같이 營造費 염출책으로 空名度牒의 매매 조치가 성행되기에 이르렀으니 도첩의 濫給은 그 극에 달했던 것이다.19)

---

17) 『世祖實錄』 권28, 세조 8년 7월 신축, "上問右副承旨盧思愼曰 所考號
　　牌文籍何如 思愼對曰 今考文籍 漢城府不考戶口賤籍 而給號牌者頗多
　　禮曹別無差誤 但度牒參考文籍無有".
18) 『世祖實錄』 권28, 세조 8년 4월 기사.
19) 『世祖實錄』 권33, 세조 10년 5월 무오, "史臣曰 國家之所以禁約僧人
　　者 度牒而已 度牒者僧人出家之信也 比年以來 國家有一工役 則官給空
　　名度牒數千百通以資其用 幹事者得之 以爲貨 一通直綿布數匹 軍民得

이러한 도첩의 남급은 승인호패의 남급을 수반하였을 것인데, 승인호패의 남급은 승인호패법의 목적을 상실하게 했을 뿐 아니라, 호패법을 기초로 한 세조의 軍額 확장 노력에도 결코 적지 않은 차질을 주었을 것을 짐작케 한다. 반면에 이는 세조 일대의 엄청난 군액 증가의 이면의 一端을 엿보게 하는 것이기도 하니 同王 말년까지 호패를 받은 승려만도 14만 4천 명이란 다수에 달했던 것이다.[20]

成宗 즉위년에 호패법과 동시에 혁파된 것으로 보이는 승인호패법은[21] 中宗 晚年에 다시 復設되었으니 僧軍의 安行梁 蟻項 開鑿 및 犬項 防塞 공사에 동원된 것이 그 계기였다.

안행량은 충청남도 태안반도 西端에 위치하였는데, 억센 조류와 기복 심한 해저로 인한 항해상의 위험처로 漕船의 난파 敗沒이 예년과 같이 잇달았던 것이다. 貢稅 손실과 인명 피해가 막대하였으니, 일찍이 고려 중엽경부터 이 지역에서 海難을 방지하려는 대책이 여러 모로 여러 차례에 걸쳐 시도되어 왔었다. 그러나 그러한 시도는 매번 실패로 돌아가고 말았는데 그만큼 대단한 난공사였던 것이다.[22]

之 以塡名 則令眞僧奚擇哉 於是官給一紙而民繞一身之役 避役之多 安民怪哉".

20)『成宗實錄』권68, 성종 7년 6월 병자, "都承旨玄碩圭 將刑曹啓目啓曰 歲丁亥(세조 13년 : 필자주)行號牌法 該司括民丁 其時爲僧者 凡十四萬三千 隱處深山 未括出者 亦不知其幾 ……". 世祖朝의 僧 수는 上記 숫자 외에『成宗實錄』권111, 성종 10년 11월 경술에는 丁亥年 號牌時에 僧數 30만이었다고 보인다.

21) 호패법은 성종 즉위년 12월 계축 議政府上書에 따라서 혁파되었다 (『成宗實錄』권1, 성종 즉위년 12월 계축).

22) 安行梁(혹은 安興梁, 安恒梁)은 難行梁이라고도 불리었는데(『東國輿地勝覽』권19, 忠淸道 泰安縣 山川 安興梁條) 그만큼 航行하기에 위험

  犬項은 한강 상류 三田渡 근방에 위치하며 이곳 防塞도 일찍부터 수 차례 시공이 가해진 바 있으나, 홍수가 닥치면 으레 侵破되곤 하여 工役의 보람이 수포로 돌아갔으니 완공을 이루기가 좀체로 어려운 난공사였다. 견항은 京都에서 下三道 廣州 等處와 왕래하는 幹線路上에 위치한 渡津으로 三田渡 경유 시에 반드시 이 곳을 거쳐야 했다. 그런데 이 곳 견항을 지나는 왕래객은 三田渡를

────────────────

한 곳이었으며 전라도 지방으로부터의 漕船이 번번이 이 곳에서 覆沒됨으로써 인명과 貢稅의 손실이 대단한 바 있었다. 이조 태조 4년 5월에 경상도 조선 16艘가 敗沒되고(『太祖實錄』 권7, 태조 4년 5월 기유) 태종 14년 8월에는 전라도 조선 66艘가 또한 패몰하여 익사자 2백여 인과 米豆 5천8백여 석이란 막대한 피해를 입었다(『太宗實錄』 권28, 태종 14년 8월 갑진). 이로 인해서 이곳 안행량에서의 海難 방지책이 여러모로 검토되었는데 일찍이 고려 인종 12년 7월에는 內侍 鄭襲明으로 하여금 군졸 수천 인을 동원하여 태안 瑞州境에 河道를 開鑿토록 한 바 있으나 성공하지 못하였다(『高麗史』 권16, 인종 12년 7월). 다시 恭愍王朝에 宗室 王康이 개착을 시도하였으나 역시 성공하지 못하였다(『高麗史』 권116, 열전29. 王康傳). 이조에 들어와서도 태종 13년 정월에 개착에 착공하여 同年 6월에 畢役은 하였으나 오래지 않아 통하지 않게 되어(『太宗實錄』 권25, 태종 13년 8월 경진) 同王 14년 8월 재차 개착이 논의되었다(『太宗實錄』 권28, 태종 14년 8월 무오). 그 후 세조 원년 윤6월에는 後前의 개착처 남북에 각기 設倉하여 陸輸하는 방법이 논의되었고(『世祖實錄』 권1, 세조 원년 윤6월 계유) 同王 7년 7월에는 左議政 申叔舟 등으로 하여금 開鑿 便否를 往審케 하였고(『世祖實錄』 권25, 세조 7년 7월 정사) 곧 시공되었으나 끝내 성공하지 못하였다(『中宗實錄』 권82, 중종 31년 6월 기해). 이후 오래도록 안행량 문제가 廷議에 오르지 않다가 중종 16년 8월에 와서 다시 發論되어(『中宗實錄』 권42, 중종 16년 7월 기해) 翌 17년 정월에는 三道體察使 高荊山이 役夫 3천을 동원하여 안행량 근방의 蟻項開鑿에 착수하였으나 중도에 파하고 말았으며(『中宗實錄』 권43, 중종 17년 정월 기해), 同王 28년 6월에 更論되었으나 役軍 調發이 뜻대로 이루어지지 않아 곧 罷議되었다(『中宗實錄』 권75, 중종 28년 6월 계미).

지척에 두고 渡船을 이용해야 하는 불편이 있었을 뿐 아니라, 渴水期에는 걸어서 건널 수도 있으나, 水低가 고르지 못한 관계로 익사하는 경우가 빈번하여 위험하기도 하였고, 또 이 곳 부근에 자리잡은 箭串牧場이나 民田이 수재 시에는 침수의 화를 당함이 事例였고 평시에도 水勢에 浸蝕되었었다. 이러한 인명 피해나 田土의 손실을 막기 위해서 防塞의 完築은 긴요한 현안사였다.[23]

이와 같은 兩處工事의 긴요성이 중종 31년 8월에 이르러 당시 物議가 분분하던 僧徒의 滋蔓 橫弊의 숙정 문제와 결부되어 일석이조의 효과책으로 應役 대가로서 호패 급부에 의한 승려 동원을

---

23)『中宗實錄』권62, 중종 23년 7월 정축과 『東國輿地備攷』권2, 山川條에 "新浦 在廣州境 距都城二十七里 漢水溢爲岐流 其正派趍岐流 號新浦 旱則徒涉 水漲爲二江 至楮子島下合爲一 中宗朝以其水勢 直衝宣陵 發卒運石 塞岸嚙處 竟不成"이라 보이는데, 新浦 三田渡에 이르는 한강 江中의 砂洲에 위치한 지금의 新川洞으로 원래는 지금 이름과 같이 新川이라 불리었고(『中宗實錄』권81, 중종 31년 5월 갑자), 견항은 신천 근방의 江岸이었는데 현재의 어느 지점에 해당되는지 분명하지 않다.

견항의 防塞은 이미 石築으로 되어 있었던 것인데, 중종 15년의 홍수 이후로 차츰 浸被되었다(『中宗實錄』권62, 중종 23년 7월 정축). 그리하여 중종 23년 7월에 再築이 논의되어 곧 營築司를 설치하여(『中宗實錄』권64, 중종 23년 윤10월 기묘), 同年 8월부터 축조에 착공하였다(『中宗實錄』권62, 중종 23년 7월 무자). 그러나 軍丁 동원이 여의치 않아 翌年 2월에는 楊·廣 2州 수령으로 하여금 煙戶軍을 分率하여 隨毀隨築하기로 하고(『中宗實錄』권65, 중종 24년 2월 을유) 공사는 일단 停罷되었다(『中宗實錄』권68, 중종 25년 7월 경인). 築造業이 楊·廣 2州 守令에게 위임되긴 하였으나 그 후 따로 영조에 힘쓰지 않은 듯하니 앞서 착공시에는 防塞을 필요로 하는 거리는 1천여 척에 불과하였다. 그로부터 8년 후인 同王 31년 2월에 再築造를 계획할 무렵에는 훨씬 확대되어 거의 3천 척이 되었으니(『中宗實錄』권81, 중종 31년 2월 신묘) 그 간의 頹落相을 알 수 있다.

결정하게 되었다. 同王 30년 8월 기해에 領議政 金謹思, 左議政 金安老는 6曹와 동의하여 승도의 범람과 僧弊의 禁防策으로서 승도로 하여금 일정 기한 국가 役事에 自願從役하게 한 후 호패를 주어 그들의 신분과 免役을 보장하고 연후에 無牌僧은 적발하여 엄중치죄케 하자고 하고, 그는 僧軍으로써 安行梁의 掘浦를 건의하였던 바 중종도 이의 없이 이에 찬동하였다.[24]

그러나 이 곳 안행량의 굴포와 같은 공사는 워낙 거창한 난공사로 많은 기술적 검토가 강구되어야 했으므로 그보다 규모가 작고 완공하기가 용이한 犬項의 防塞공사부터 우선 착수하기로 하였다.[25] 안행량 굴포공사의 試行的 작업인 견항 방색공사는 工曹 주관 하에 同王 31년 春節로부터 시공된 것으로 보이는데, 그 해 8월 초에 3천 척에 달하는 방색공사를 마쳤다. 그간에 應役하여 호패를 받은 승려는 3천여 명이었다.[26] 犬項役 畢役 후에 赴役僧 중 立役 기일을 채우지 못한 승려는 견항 근방의 新川 방색에 轉役되었다.[27]

견항 신천 兩處 방색역에 동원되어 受牌한 승려는 총 5천여 명에 달하였는데,[28] 이들 應役僧에 대한 給牌에는 적지 않은 반대가 있었다. 成均館 生員 郭之楨 등은 疏文에서 起役 이후로 승려의 京都 출입의 禁이 해이해져서 경도 街中을 당당히 왕래함이 예사이니 더구나 外方은 不問可知이거니와 하물며 受牌 후에는 그들의 橫恣가 더할 것이라는 것과 應役僧은 未赴僧의 100분의 12도 안

─────────────────────

24) 『中宗實錄』 권80, 중종 30년 8월 기해.

25) 『中宗實錄』 권81, 중종 31년 4월 갑자 ; 권82, 중종 31년 6월 갑오, "三公啓曰 前者役僧人于犬項 而給號牌者 本爲安行梁 而先試之也 ……".

26) 『中宗實錄』 권82, 중종 31년 8월 신묘.

27) 『中宗實錄』 권81, 중종 31년 5월 갑자.

28) 『中宗實錄』 권82, 중종 31년 6월 기해.

되는 형편이니 이 대다수의 무패승을 盡刷하기란 도저히 불가능하다는 것 등을 열거하여 급패는 승려의 자만을 숙정하기커녕 오히려 한층 더 조장하게 할 뿐임을 강조하였다. 종신토록 온갖 고역을 져야 하는 백성에 비해서 無爲游食하는 승도가 一力을 국가에 보태었다 하여 호패를 주어 終身閑遊케 함은 萬民 保育의 至誠과 抑佛尊儒의 正道에 어긋남이라 비난하고 호패 급여의 잘못을 力諫하였다.29) 이와 같은 누차의 반대상소가 있을 때마다 왕은 役事 중에는 아무 말이 없다가 새삼스레 畢役 단계에 와서야 반대를 운위함은 이해할 수 없는 일이라 하며, 이견 제의의 失機와 儒者의 해결책 없는 억압론은 승도의 자만을 오히려 더하게 할 뿐이라 하여 儒者의 短見을 탓하고, 비록 승려에게라도 신의를 저버려서는 안되며 今此의 실언은 장차의 政令을 불신케 하는 所以이기도 하다는 점 등을 들어 급패 반대가 온당치 못한 소견임을 駁하였다. 그러면서 급패 후에는 구례에 따라서 경도 입성의 禁을 비롯하여 승려에 대한 法禁을 勵行할 것임을 다짐하고30) 끝내 급패를 단행하였다.

犬項役 급패에 대한 반대는 앞서 예정되었던 안행량의 굴포공사에서의 役僧 급패 반대로 번져갔다. 견항역이 진척중인 同年 4월 계사에 유생들은 호패를 받아 일생의 안락을 도모하는 무리가 다투어 출가하여 役行에 盆集하되 監役官은 이들의 官牒—寺僧의 原居地 군현관이 該僧의 신원을 확인한 증명서—을 考准치 않고 모두 徒役하게 하니 승려의 범람을 더할 뿐이고 또 다시 안행량 役事를 일으켜 급패한다면 승려로 호패를 안 가진 자가 없을 터이니 연후에 禁僧인들 무슨 소용이 있겠는가라고 하여 안행량 再役의

---

29)『中宗實錄』권81, 중종 31년 4월 신묘.
30)『中宗實錄』권81, 중종 31년 4월 신묘.

불가함을 상소하였다.31) 이러한 상소가 있자 왕은 견항 給牌物議 이래로 어지간히 시달렸기 때문인지 政府 三公의 일관된 旣定 방침대로의 起役 주장에도 불구하고 유생의 의견과 같이 禁僧방안으로서 호패제가 오히려 張僧之策이 되고 말았다 하고 안행량역은 당분간 거행하지 말도록 하였다.32)

그러나 이와 같은 안행량역에 대한 왕의 소극적인 태도도 막상 견항역이 완공되고, 僧弊 방지와 조운의 안전을 기하기 위해서는 役僧給牌의 도리밖에는 없다는 左議政 金安老를 비롯한 정부 6조 廷臣의 장문의 상서를 접하자33) 전번의 안행량역 勿擧 傳旨가 왕 자신이 중지하고자 한 뜻이 있어서 그러한 것이 아님을 변명하고, 僧徒일망정 連年의 課役이 가당치 않거니와 年登의 풍흉 여하도 고려하여야 하니 다시 의논토록 하라 하여 再役 찬성으로 기울어졌다.34) 그 뒤 얼마 지나지 않아 金安老의 起役 決行議를 계기로 同年 8월 신묘에 왕은 국가가 일단 정한 바를 실행치 않으면 국법을 불신케 한다고 하여 마침내 안행량역의 起役을 윤허하였다.35)

그리하여 이에 앞서 견항역을 監役한 바 있는 李俔을 安行梁 掘浦 敬差官으로 삼아 현지를 답사하게 하고 그의 보고에 따라 掘浦 蟻項 兩處를 俎上에 놓고 이해득실을 검토한 끝에36) 同王 17년에

---

31) 『中宗實錄』 권81, 중종 31년 4월 계사.
32) 『中宗實錄』 권82, 중종 31년 6월 갑오.
33) 『中宗實錄』 권82, 중종 31년 6월 기해.
34) 『中宗實錄』 권82, 중종 31년 6월 기해.
35) 『中宗實錄』 권82, 중종 31년 8월 신묘.
36) 『中宗實錄』 권82, 중종 31년 10월 정해.
   掘浦 : 굴포는 현재의 충청남도 서산군 태안면 仁坪里(『朝鮮史』 제4편 제4권 610쪽, 『世祖實錄』 권25, 세조 7년 7월 정사)로 加露林灣과 淺水灣으로 注入하는 積乭江을 연결하는 데 있어(『朝鮮史』 제4편 제7권 178쪽, 『中宗實錄』 권42, 중종 16년 8월 을해) 최단거리를 이루는 태

1차 시공 中罷된 바 있는 안행량 근방의 의항을 개착키로 낙착을
보았다. 同年 11월 무인에는 호조를 主掌官署로 정하고 兵曹參知
朴守良을 察理使로, 李俔을 從事官으로 삼았으며, 開鑿事目을 작성
하여 15세 이상 50세 이하의 승려를 抄發하여 隱避不現者에게는
"無父母 同生者 限三寸 杖一百 徒三年"이란 중벌에 처할 것을 규

안반도의 腰部에 위치한다. 이 지점을 관통하는 운하를 개착함으로써
안행량을 우회하는 불편을 없애고 항해의 안전을 이룩하고자 시도한
것이다. 굴포란 大東輿地圖에 보이는 泰安瑞山境의 '掘浦'인데, 『世祖
實錄』 권25, 세조 7년 7월 정사에 "以左議政申叔舟 爲忠淸道都體察使
戶曹參議安哲孫副使 前水原府使洪敬孫從事官 往審泰安掘浦開鑿便否"
라고 있어 初見하거니와 이 곳은 "此掘浦雖幷與陸地沮洳水涉之處 而
僅二十餘里"(『中宗實錄』 권82, 중종 31년 9월 기묘)라 함과 같이 沮澤
地까지 합쳐도 20여 리에 불과하며(현재 지도상의 거리와 大路가 동
일함) 이곳의 개착은 일찍이 고려 인종대에 기도된 바 있다.『高麗史』
권17, 世家17, 인종 12년 7월조에 "是月 遣內侍鄭襲明 鑿河于洪州蘇大
縣 …… 由蘇大縣境 鑿河道之 則船行捷利 遣襲明 發旁郡卒數千人鑿
之 竟不就"라고 보이며, 이후로 이조에 들어와서도 여러 차례에 걸쳐
시도된 바 있다. 高橋 亨씨는 掘浦를 경상남도로 보고 있는데, 이는
잘못이다(『李朝佛敎』, 통문관, 1929, 278~279쪽).
蟻項 : 의항의 현 위치는 분명하지 않다. 지금 지도상에 蟻項里(충청
남도 서산군 所遠面 管內)가 있기는 하나 과거의 의항을 이 곳에 비
정할 수는 없다. 그것은 현재의 의항리에 이르려면 안행량을 경유해
야 하므로 이 곳을 개착해도 안행량의 해난 방지와는 전혀 상관없다.
그러므로 이 때의 의항은 다른 곳에서 찾아야만 한다. 의항은 굴포에
비해서 공역이 적게 들기는 하나 이 곳을 경유하면 2백여 리를 우회
한다고 하였으니(『中宗實錄』 권82, 중종 31년 9월 기묘),『高麗史』 권
116, 열전29 王康傳의 "안행량을 경유하면 4백여 리를 돌게 된다"는
기사와 견주어 안행량을 경유하는 항로상에 위치한 곳으로 짐작되며,
아울러『中宗實錄』 권82, 중종 31년 9월 계축에 "安行梁近處 有蟻項"
이라 씌어 있으므로 안행량에서 가까운 지금의 태안반도 서단의 何處
가 아닌가 하는 정도 외에는 알 길이 없다.

정하고[37] 승군 동원에 착수하였다.

안행량역에서의 役僧給牌가 확정되자 世論은 다시 비등하였으니 同王 32년 2월 경술의 成均館 進士 柳健의 上疏가 그 대표적이었다. 첫째, 목전의 이익에 사로잡혀 장래의 폐해를 생각하지 않는 처사요 둘째, 再擧하지 않겠다던 전번의 傳旨를 어김은 신하에 대한 실언이며 셋째, 승려도 백성인데 國事에 從役함이 의당한 책무요 넷째, 終身勞苦하는 수륙 군정에 비해 수 개월의 從役만으로 終身安逸의 특전을 부여함은 勞逸不均의 처사며 다섯째, 호패의 특전은 軍民으로 하여금 逃賦避役의 방편으로서 출가를 조장케 함으로써 군액의 감축을 초래한다는 것 등이 그 주요 골자였다.[38] 이와 같은 반대도 金安老 등의 한결같은 안행량 개착 필수론에 눌리어 주효하지 못하고, 그 사이 明使의 내조로 말미암아 遷延되어 오던 役事를 명사 내조로 인한 支供勞役과 승려는 무관하니 명사 回還 전이라도 속행하자는 政府 三公의 속행론을 좇아서 同年 2월부터 개착에 착공하여[39] 거의 반년 만인 同年 7월에는 급기야 완공을 보았다.[40] 이 동안에 應役한 5천 명 이상의 승려에게 호패가 주어졌다.[41]

이 의항역에 동원된 승려 중 役期에 미달한 자는 高陽 官舍 營

---

37) 『中宗實錄』 권82, 중종 31년 11월 무인.
38) 『中宗實錄』 권83, 중종 32년 2월 경술.
39) 『中宗實錄』 권83, 중종 32년 2월 병진.
40) 『中宗實錄』 권85, 중종 32년 7월 갑오.
41) 착공 당초에는 明使의 回還 전이므로 明使 支供等事도 있고 하여 평안·황해·경기 3도 僧人은 抄發에서 제외되었다. 그리하여 5도 승려만이 동원되었는데 공사가 시작된 지 3개월 째인 中宗 32년 4월에는 이미 赴役僧 5천여 명을 算하였다(『中宗實錄』 권84, 중종 32년 4월 갑인). 이후로 경기 3도 승려가 동원되었으니(『中宗實錄』 권84, 중종 32년 4월 을묘) 受牌者는 5천 명을 훨씬 상회하였다고 보아야 한다.

造에 移役되었는데,42) 이들에게도 畢役 후 급패되었을 것은 물론
이다.

　중종대에는 위와 같은 犬項防塞, 蟻項開鑿 등 兩役 이후로는 호
패를 주어 승려를 役使하는 일은 다시 없었다. 兩役 畢役 후로 호
패제를 찬성한 정부 대신이나 왕이 闡明한 대로 엄혹한 무패승 추
쇄를 일시 단행하였으나 다수 승려의 동요·반발을 우려하여 중도
에 파하고 말았고,43) 그 후로 중종 말년까지 무패승 추쇄가 별로
勵行된 것 같지는 않다. 이러한 당국의 불철저한 무패승 단속은 승
려의 수효를 더욱 증가시켰던 모양으로44) 중종 뒤를 이어 즉위한
명종 초에 다시금 승려 자만에 대한 대책이 논의되었다.

　명종 2년 2월 신묘에 領中樞府事 洪彦弼을 위시한 정부 6조 대
신은 共議하여 수많은 승려를 일시에 盡刷 定役하기란 불가하니
우선 각도 關防 要塞 城子 等處의 수축과 官廨 修理 等事에 승려
를 동원 사역하게 하고, 그들에게 호패를 주고 나이 50세 이상인
승려는 丁錢을 납입하게 하고 또한 호패를 주어 신분과 免役을 보
장하되 그 후의 무패승은 推刷定役케 할 것을 上啓하였다. 왕은 이
에 대해 "依議得施行"이라 하여 이를 허락하였다.45)

　이후로 각처 영조사업에 다수 승군이 동원되었을 것으로 보이나
실록에는 釜山浦 築墻軍에 6백여 명의 승군이 동원되어 受牌한 사
실 외에는46) 눈에 뜨이지 아니한다. 釜山浦 築墻役에서의 役期는

---

　42)『中宗實錄』권85, 중종 32년 10월 갑술.
　43)『中宗實錄』권89, 중종 33년 12월 을묘.
　44)『中宗實錄』권91, 중종 34년 6월 정미, "弘文館副提學崔輔漢等上箚曰
　　　…… 寺利之多 僧徒之繁 果莫甚於今時 …… 號牌之設 所以禁其滋蔓
　　　無牌者 未聞有論以賊僧撤寺之擧".
　.45)『明宗實錄』권5, 명종 2년 2월 신묘.
　46)『明宗實錄』권7, 명종 3년 4월 을유.

만 2朔이며 公私賤 有役人 출신 승은 應役에서 제외되었다.[47]

이와 같은 호패법은 성종 말년에 시행이 중지된 바 있는 도첩법이 同王 5년 12월에 復設됨으로서 자연 폐지되었다. 명종 5년에 復設된 도첩법은 8도별로 배당된 정액 수 총 2,600명에게만 도첩을 발급하기로 발급 수를 제한하였고,[48] 그것도 住持 持音이 官差되는 4백여 사찰 소속 승에게 한정되었으므로 이때부터 도첩법이 다시 폐지되기 얼마전인 同王 16년 말까지 사이에 도첩을 받은 승 수는 당초의 정액 수보다는 훨씬 많아졌지만 그래도 5천여 명에 불과하였다.[49] 따라서 도첩을 갖지 않은 위법승이 대다수였을 것으로 쉽게 예상할 수 있는데, 이들 무첩승은 명종의 모후 文定王后의 崇佛에 기인한 덕택에 추쇄 定軍되기보다 오히려 국가의 각처 營繕事에 抄發되어 사역되기가 예사였다. 도첩법 시행이 중지된 이후의 승려는 모두 엄밀히 말하자면 위법승인데 이러한 위법승은 국가의 묵인 하에 승군이란 이름으로 여전히 사역되었는데, 宣祖 壬辰亂 때의 義僧은 그 저명한 예이다. 임란 후 선조 晩年의 승려의 최대 임무는 산성을 수축하는 일이었다.[50]

光海君 2년 9월에 軍籍의 완비를 위한 호패법이 시행되는데 이는 만주 여진족의 일파인 建州衛의 세력이 만주의 태반을 지배하고 광해군 즉위년에는 明에 대한 入貢을 끊고 공공연히 明과 대항하기에 이름으로 말미암은 불안과 위기감에 연유하는 것이었다. 장차 있을지도 모를 외환에 대비하기 위해서는 군액의 파악과 확

---

47) 『明宗實錄』 권7, 명종 3년 4월 정사.
48) 『明宗實錄』 권13, 명종 7년 10월 기축.
49) 『明宗實錄』 권27, 명종 16년 11월 갑신.
50) 『宣祖實錄』 권84, 선조 27년 2월 병자조 備邊司上啓에 의하면 三嘉의 岳堅山城, 陜川의 李崇山城, 伽倻山의 龍起山城, 智異山의 龜城山城, 長城의 笠岩山城 등은 모두 승군에 의해서 축조되었다.

보가 필요했다.

이때의 호패법에서는 승려도 호패 패용의 대상으로 규정되어 있었다.51) 호패 사목이 작성되었으나 승려에게는 어떠한 수속 절차를 거쳐 발급되었는지는 알 수 없다. 다만 同王 2년 11월 계축의 號牌廳 上啓에서 新·舊僧—호패법 시행 이전의 출가자는 구승, 그 이후의 출가자는 신승이라고 한 듯함—중에 신승은『경국대전』度牒法에 준해서 호패를 급여하기로 되어 있음을 알 수 있을 뿐인데,52) 兩宗이 혁파된 지 오래된지라 어떻게 준용되었는지 자세하지 않다. 그러나 명종 2년에 復設된 승인호패법에서의 나이 50세 이상자에 대한 納丁錢 급패 방식은『경국대전』도첩법을 원용한 것이 분명해 今此의 경우도 그와 같은 것이 아니었나 생각된다.

同王 4년 7월에 호패법은 폐기되지만 이때에 작성된 승인호패법은 그 후에 빈번하였던 승군 동원에 참고되었을 것을 짐작케 하거니와 승군의 동원은 仁祖朝에 들어서면서도 계속되었다.

인조 2년 9월에는 南漢山城의 수축이 시작되었는데 승군이 築城業을 담당하였다. 북방 만주에서 後金의 흥기로 말미암은 대륙의 풍운은 광해군 11년 薩爾滸에서 朝·明 연합군이 대패한 것을 전기로 하여 위급의 도를 더하였다. 이 신흥 후금의 조만간 있을지도 모를 침입이라는 중대 외환의 우려를 목전에 맞이하여 군비 整頓에 급급하지 않을 수 없었다. 인조 원년 윤10월에 延平府院君 李貴는 京都 수호의 요충인 남한산성 수축을 건의한 바 있었다.53) 외환

---

51)『光海君日記』(鼎足山本) 권35, 광해군 2년 11월 계축, 全羅道監司 尹暉 啓文에, "…… 至於僧人 雲浮無定 皆是逃役之人 逐名團束 各令佩持 此輩先懷怨恨之心"이라 보인다.

52)『光海君日記』(鼎足山本) 권35, 광해군 2년 11월 계축, "號牌廳啓曰 …… 且僧人 若不分新舊 一樣給牌 則無役之輩 必多投入 新爲削髮之輩 依大典度帖之例 施行之意 事目內並改附標何如 傳曰允".

에 더하여 내환이 또한 겹쳤으니 同王 2년에는 李适의 난이 돌발하여 亂軍에게 京都가 함몰되고 왕은 公州로 몽진하였다. 이괄 난 직후로 경도 수비의 虛疎함이 여실히 노정됨으로써 더욱 남한산성 수축의 필요가 절감되었다. 그리하여 우선 完豊君 李曙로 하여금 산성 형세를 답사케 하고 드디어 同王 9월에 摠戎使 李曙 주관 하에 착공되었다.54) 築城議가 오래 遷延된 이유는 주로 役丁 동원의 곤란 때문이었다. 그도 그럴 것이 大亂의 瘡疾이 아물 겨를도 없는 平定 바로 직후인지라 민심의 불안과 민생의 곤고가 尤甚하였으니 軍丁의 抄發은 고려되지 않을 수 없었다. 議者는 訓鍊都監 도망 포수의 罰役으로 축성하게 하자느니 혹은 軍丁의 糧餉을 정부가 부담하고 民政을 동원하자느니 하여 민정 염출책을 여러모로 궁리해 보았으나 모두가 여의치 않아55) 결국은 승군 초발로 낙착되었다.56)

승군 초발 시에 평안도와 함경도 端川 利城 北靑 洪原의 4읍 승려는 제외된 것으로 보인다. 同王 2년 11월 경진에 備邊司는 도원수 馳啓에 따라서 관서지방의 승려는 守城軍으로서 방비에 當해야 하므로 南漢立役이 불가하다고 上啓하여 허락을 얻은 바 있다.57)

---

53) 『仁祖實錄』 권2, 인조 원년 윤10월 임인.
54) 『谿谷先生集』 卷8 記 南漢城記, "…… 以甲子(인조 2년 : 필자주)經始 丙寅(인조 4년 7월 : 필자주) 工告訖功 ……".
55) 『仁祖實錄』 권5, 인조 2년 3월 기미·계해·경오.
56) 『(重訂)南漢志』(洪敬漢著 : 필자주) 권3, 佛宇條, "按 仁祖甲子築城時 以僧覺性爲八道都摠攝專任城役召募 八道僧軍 ……".
57) 『仁祖實錄』 권7, 인조 2년 11월 경진, "備邊司因都元帥馳啓覆奏曰 關西僧徒 連年赴役於義州等築城之所 脫有邊警亦當爲守城之軍 南漢山城之築 豈可調發關西之僧就役於畿內乎 諸僧中 如有願納軍餉受度帖者 許捧之意 行移何如 答曰 依允 僧徒用於築城之役 今又徵米 似爲未妥 捧米 一款勿施".

그리고 同王 3년 2월 정유에 戶曹는 採銀事가 시급하므로 함경도의 上記 4읍의 승려는 南漢城役에서 제외하여 端川 은광 採銀役에 입역하게 함이 가하다는 뜻을 上啓하여 역시 윤허된 바 있다.[58] 築城役 畢役 때까지 위의 방침에 변동이 없었다면 축성역은 주로 6도 승군이 當한 셈이 된다.

축성역에 從役하여 3朔의 役日을 마친 승려에게는 도첩을 급여하기로 하였다. 이 때에 동원된 승군은 상당수에 달했던 모양으로 산성 주변에 遍滿하여 그들의 작폐가 심하였다고 전한다.[59]

승군에 의한 축성역이 한창 진척될 무렵인 同王 3년 7월에 호패법을 또 다시 실시하게 되는데 축성도 긴요사였지만 軍丁의 확보도 그에 못지 않았다. 더구나 大亂으로 말미암아 군정의 離散이 심하였던 만큼 軍籍의 재정비도 급무가 아닐 수 없었다.[60]

이 때에 작성된 호패청 사목에 승려는 남한성역에 3朔間 입역하고 도첩을 받은 연후에 호패를 받도록 규정하였다.[61] 축성역은 同王 4년 7월에야 畢役되었는데 거의 2개년이 소요되었으니 산성의 규모도 규모려니와 이에는 수많은 승군의 투입이 필요했음은 물론이다. 도첩을 받은 승려에게만 호패를 주도록 한 것은 승려를 모두 축성역에 應役하게 하기 위함이었다고 생각된다.

---

58) 『仁祖實錄』 권8, 인조 3년 2월 정유, "備邊司覆啓曰 南漢山城之役 停之則已如 不得停則猶恐役軍之不多 咸鏡南道恐難移用 但端川利城北靑洪原距南漢 道里遙遠 無已則此四道僧軍 除城役 用於採銀爲富 …… 答曰 依啓".

59) 『仁祖實錄』 권8, 인조 3년 2월 임인.

60) 『增補文獻備考』 권162, 戶口考2, "仁祖四年復行號牌法 先是自壬辰亂前 每有此議 而異論紛興 久未得行 …… 至是延平府院君李貴上箚 以爲民散久矣 軍額多耗宜復行號牌".

61) 『增補文獻備考』 권162, 戶口考2, "號牌廳事目 …… 僧徒南漢立役三朔 受度牌後給牌".

그런데 여기에 한 마디 하지 않을 수 없는 것은 남한성역 立役에서 제외되었던 것으로 보이는 前記 평안·함경 양도 僧의 경우에 호패법을 적용하는 문제이다. 추후에 입역 조치가 취해졌다면 별로 문제될 것이 없지만 평안도 승의 경우만 하더라도 후금과의 관계가 더욱 긴박하게 된 만큼 該道僧의 守城軍으로서의 긴요도도 따라서 가중되었을 것이니 축성역에 입역하게는 하지 못했을 것으로 보인다.62)

만약 축성역에서 제외되었다면 그들 양도 승은 호패청 사목에 준하는 한 승인호패를 수취할 수 없다. 그러나 순전히 추측에 불과한 것이지만 즉 국경 방비상의 요충이라는 지역적 특수성으로 인해서 사목 외의 별도 조치로써 도첩 없이 승인호패를 수취할 수 있도록 강구하지 않았을까 하는 생각이 들기도 한다. 호패법은 실시한지 불과 1년 반 만인 同王 5년 5월에 후금군의 침입과 때를 같이 하여 혁파되었다.63)

4. 僧人號牌와 役僧

世祖 7년 10월 을해에 작성된 승인호패 조건에 의하면 無度牒이라도 나이 만 50세 이상인 자와 心行이 출중하여 衆人이 공인하는

---

62) 『(重訂)南漢志』 권4, 中篇上 軍制條, "僧軍 摠攝一人 僧中軍一人 …… 十寺 原居僧軍 一百三十八名 赴操義僧三百五十六名 所在京折江原三南黃海 每年分 六運立番兩朔"이라 하여 남한산성 守護 義僧은 평안·함경 양도를 제외한 여타 6도 승으로 充役되었음을 전하고 있다. 이와 같은 의승 立番에서 양도 승이 제외된 것도 국경 방비 혹은 採銀이란 중역을 맡고 있었음에 연유한 것으로 보인다.

63) 『燃藜室記述』 別集12 ; 『增補文獻備考』 권162, 戶口考2 號牌.

자에게는 '度牌'를 급여하기로 규정되어 있다. '度牌'란 도첩과 호패의 양자를 병칭한 것으로 보인다. 그런데 同王 9년 정월 임인에 개정 보완된 승인호패법에서는 나이 만 50세 이상인 자와 心行을 衆人이 공인하는 자에게는 無度牒이라도 給牌하라고 하였으니 도첩을 아울러 주던 前此의 호패 급여 방식은 이에 이르러 호패만으로 변경된 것으로 보인다. 그것은 同王 10년 5월 경신에 나이 만 40세 이상인 자에게는 도첩의 유무를 考准치 않고 호패를 주어도 가하다고 한 傳旨에서 더욱 분명해진다.

이렇듯 연로한 승이나 心行이 출중한 자에게 주어진 호패는 도첩과 똑같은, 즉 신분과 免役을 보장하는 證驗으로서 효용을 갖는 것이었다고 할 것이다. 중종 만년의 견항 및 안행 兩役에서 주어진 호패도 이름만 다를 뿐 도첩과 하등 다를 바 없는 것이었다. 그런데 양역이 완공된 뒤로 호패의 효험에는 變改가 가해지게 되었으니, 그것은 견항 방색처와 의항 개착처가 畢役된 후 얼마 안 되어 雨水로 말미암아 決毀되거나 해수로 말미암아 매몰되어 工役의 보람이 없게 된 때문이었다. 그리하여 同王 33년 7월 계사에 工曹는 견항 방색이 盡圮하였음을 上啓하고 受牌僧으로 하여금 再築케 할 것을 건의하였다.[64] 공조의 이와 같은 건의가 있은 지 얼마 되지 않아 神勒寺 僧徒가 該寺 투숙 유생을 作黨 毆打한 사건이 발생하자 성균관 진사 朴文秀 등은 상소하여 그와 같은 승려의 橫恣가 호패 급여에서 유래한 것이라 하여 승도의 호패를 還奪한 것을 누차에 걸쳐 乃請하였다.[65] 견항, 안행 兩役이 주로 당시의 권신 김안로에 의해서 주장되고,[66] 앞 절에서 이미 본 바와 같이 役僧 給

---

64) 『中宗實錄』 권87, 중종 33년 7월 계사, "工曹啓曰 犬項所築 今因雨水
盡圮 今若築之 則功役少矣 請令所築僧人更築何如". 주 5) 참조.
65) 『中宗實錄』 권88, 중종 33년 9월 기축·병신·정축.

牌에 대하여는 유생의 맹렬한 반대에 부딪친 바도 있다.

김안로는 同王 32년 10월 계유에 문정왕후 폐립을 모의한 죄로 賜死되고 그의 右翼이었던 蔡無擇·許沆도 뒤이어 사사되니,[67] 원래부터 역승 급패를 극력 반대하던 유생들은 승려의 유생 구타 사건을 호기로 삼아 호패의 환탈을 주장하고 나선 것이었다. 유생의 그와 같은 주장에 대해 왕은 실언을 이유로 그들의 요구에 끝내 동조하지 않았으나, 同王 33년 9월 정유와 무술에 大司憲 黃憲, 領議政 尹殷輔 등의 건의에 좇아 견항·안행 兩處 受牌僧으로 하여금 견항 방색에 再役케 하되 隨毀隨築하도록 하고 이에 불응하는 자에게서는 호패를 환탈하도록 결정하였다.[68] 이로써 양처 수패승은 견항 방색 定役軍이 되고 말았으니 호패는 一轉하여 立役證이 되고 말았다. 그러나 견항의 방색은 완공 가망이 없는 난공사인 관계로 隨毀隨築한들 국가의 재물과 노력만을 허비할 뿐이므로 1·2차의 재시공이 행해진 듯은 하나[69] 마침내 그 완공이 포기되고 말

---

66) 『中宗實錄』 권91, 중종 34년 6월 병오, "上曰 役僧給牒 當初予意以爲 未便 儒生亦抗疏爭之(丙申犬項之役 丁酉蟻項之役皆抗疏爭之) 然朝廷 之意(此議 金安老主之) 已定 故爲之矣".

67) 『中宗實錄』 권85, 중종 32년 10월 계유·을해.

68) 『中宗實錄』 권88, 중종 33년 9월 무술, "領議政尹殷輔 左議政洪彦弼 右議政金克成 …… 右贊成尹任 議啓曰 僧徒已受號牌 未幾收奪 似近 失言 …… 犬項蟻項兩處 旋卽頹圮堙塞 此實不勤力役所致 何以謂勞 隨毀隨築已有法令 前兩處役僧待春和 悉令督赴犬項倂令修築 務要堅緻 以圖永久之利 其不肯役者 收牌定役 …… 其應行節目 令該曹備細 磨 鍊施行何如 傳曰 知道".

69) 견항 방색은 수축 후 얼마 지나지 않아 다시 決毀되었으니 『中宗實 錄』 권85, 중종 32년 7월 정유조에 "上曰 近者 犬項之役 事小而功未就 令人往見 則先築者 隨回云 然則功役何時而畢乎 隨毀隨築 徒勞無功 以舟通行何如"라고 보이며, 『中宗實錄』 권88, 중종 33년 9월 정유조의 大司憲黃憲上箚 중에 "且聞年前犬項潰決處更築之時"이라 한 바 있듯

았다. 따라서 前此의 受牌僧의 定役도 유명무실하게 된 것 같으니 명종 3년에 견항 방색 개축 논의에서는 정역 수패승의 再役은 일언반구도 언급됨이 없었고 오히려 수군과 留衛軍의 차출이 운위되는가 하면[70] 승려를 동원하되 호패를 급여토록 하자는 의견마저 제의되고 있는 것이며,[71] 견항 방색의 改築事도 이 명종 3년의 改築議를 마지막으로 하여 완전히 포기된 듯하다.

명종 2년 2월에 役僧給牌法이 다시 復設되어 각처 영선사업에 승군이 동원되는데, 이러한 호패 지급에 의한 승려의 면역에 대하여는 역시 抑邪排佛을 그들의 소임으로 자처하는 儒者들은 물론, 朝臣들 사이에서도 반대가 없을 수 없었다. 명종 8년 10월에 幼學 徐崦의 상소가 그러하였고,[72] 同王 11월에 司諫院 또한 수패승의 재역을 주장하였다.[73] 이러한 재역론에 대하여 왕은 실언을 이유로 내세워 모두 허락하지 않았다.[74]

이같은 수패승 재역 불허 방침은 同王 10년 5월의 소위 乙卯倭

이 受牌僧을 再役케 한 바 있다. 양처 공역에 대하여는 明宗 초년에 견항 방색의 更議가 있었던 것 외에는 다시 없었다. 의항의 개착이 更議되지는 않았어도 안행량에서의 해난은 여전하였으므로 그 방지책이 후일에도 종종 논의 대상이 되었다. 宣祖 17년 4월에는 掘浦開鑿議(『顯宗實錄』 권15, 현종 9년 9월 무술, 『承政院日記』 제212책, 현종 10년 정월 초6일) 혹은 掘浦設倉議(『備邊司謄錄』 제28책, 현종 10년 정월 16일, 『承政院日記』 제212책, 현종 10년 정월 초6일)가 宋時烈 金堉 등에 의해 주장되었다.

70)『明宗實錄』 권8, 명종 3년 8월 임신.

71)『明宗實錄』 권7, 명종 3년 4월 정사조 領議政 尹仁鏡等 上啓中에 "僧人號牌事 必課役日多少 然後可爲號牌 滿六十日者成給 其未滿限者置簿 若於犬項及他役等處役之 必滿其日數 乃可成給"이라 하였다.

72)『明宗實錄』 권15, 명종 8년 11월 갑신.

73)『明宗實錄』 권15, 명종 8년 11월 갑신.

74)『明宗實錄』 권15, 명종 8년 11월 갑신.

變이란 목전 초미의 軍國重事가 돌발하여 擧國朝野가 크게 驚動하고 왜구 격퇴책에 골몰하게 되자 중지되지 않을 수 없었다. 70隻의 대부대의 來寇라곤 하지만 全羅兵使와 長興府使가 살해되고 내륙 깊숙히 靈岩까지 분탕을 당했다는 사실은 軍備의 虛疎를 여실히 폭로한 것이었는데, 실상 征討軍의 편성에 착수하고 보니 군적상의 군액은 유명무실한 것이어서 수륙 軍丁의 동원은 좀체로 여의치 않았다. 그리하여 정부는 公私賤 商賈 중의 驍勇者를 초발 충군하는가 하면 禁中宿衛軍의 일부를 정토군에 충당하는 등 군정 수합에 고심하지 않을 수 없었다.[75] 군정은 정토군 뿐 아니라, 만일의 경우를 염려하여 京都 방어도 소홀히 할 수 없었으니 군정의 부족은 대단한 憂慮事가 아닐 수 없었다.[76] 그리하여 同年 5월 신해에 司諫院과 弘文館은 승군의 초발을 건의하게 되었고,[77] 同月 계축에는 승군 동원이 윤허되었다.[78] 이 때에 동원된 승군은 戰鬪·運糧·防備 等事에 종사한 것 같은데, 침입 왜구가 격퇴된 후에도 이들은 또 있을 지 모를 왜구의 跳梁에 대비하기 위한 축성·조선 등 役事에 계속 동원되었다.[79] 이러한 防備事뿐 아니라 그들은 曳木軍·造紙署軍 등으로 잡역에도 충당되었다.[80]

　이와 같이 동원된 승려는 주로 무도첩 무호패승이었지만 受牒

---

75) 『明宗實錄』 권18, 명종 10년 5월 신해 ; 권22, 명종 12년 2월 신해.
76) 『明宗實錄』 권18, 명종 10년 5월 무오.
77) 『明宗實錄』 권18, 명종 10년 5월 무오.
78) 『明宗實錄』 권18, 명종 10년 5월 계축.
79) 『明宗實錄』 권20, 명종 11년 2월 경자조 備邊司 上啓에 "年前緣築城 造船等事 調發僧軍 今春尙未畢役 故間有調發之官"이라 보인다.
80) 『明宗實錄』 권22, 명종 12년 2월 신해, "上以京畿淸溪寺奴貴石等上言 下于政院曰 京畿僧人 築城處則役之曳木軍及造紙署軍 則勿役 使無民弊事 言于備邊司及該曹 ……".

受牌僧도 포함되어 있었다. 그것은 명종이 승군 사역이 한창이던 同王 12년 2월 신해에 淸溪寺奴 貴石의 승군 減役을 호소하는 上言이 있음을 계기로 政院에 防備事 외의 여타 잡역에 대한 승군 사역을 금할 것과 도첩이나 호패를 가진 승려는 防備事일지라도 사역하지 말 것을 傳旨하고 있음에서 알 수 있는데81) 이로 인해 유첩 유패승은 곧 放役되었다. 同年 7월 계유에 水軍不敷를 이유로 水軍子枝로서 승려된 자는 受牒者일지라도 刷還 定役케 하자는 兵曹 요청에 대하여 왕은 이미 放役을 명하고는 또 다시 定役케 함은 크게 신의를 잊는 처사라 하여 그 불가함을 말하고 재차 수첩 수패승의 勿役을 시달하고 있다.82)

이와 같이 수첩 수패승은 倭變과 같은 위급 시에는 초발되어 防備等事에 充役되었으나 평시에는 免役이 보장되었다.

同王 20년 4월에 문정왕후가 薨去하고 명종이 비로소 親政하게 되자 정부·대간·유생 등 擧朝 群臣은 兩宗과 禪科의 혁파와 普雨의 黜斥을 주장하니 마침내 보우는 削職 유배 끝에 杖殺되고 왕후의 親弟인 尹元衡 또한 삭직 放鄕 끝에 자결함으로써 문정왕후의 숭불시책에 적극 참여 협조한 주동인물이 모두 제거되고 말았다. 뒤이어 同王 21년 4월에는 양종, 승과, 도첩제가 모두 혁파되었다.83) 이후에 文定 垂簾時의 숭불시책에 대한 士流의 울분도 가세하여 寺院에 대한 박해가 가중되었던 것으로 미루어보아 문정왕후의 護僧策에서 연유한 바 免役의 보장이 계속 가능했을까가 저으기 의심된다.

光海君 2년 9월에 호패법이 실시되면서 승려도 호패를 패용하게

---

81) 『明宗實錄』 권22, 명종 12년 2월 신해.
82) 『明宗實錄』 권22, 명종 12년 7월 계유.
83) 『明宗實錄』 권32, 명종 21년 4월 신사.

되었는데, 이때의 승인호패는 이제까지의 것과는 전혀 다른 성격을 지닌 것이었다고 생각된다. 同王 2년 11월 계축에 호패청은 新舊僧에게 일률로 給牌하면 無役之輩로 승려가 되려는 자가 많을 터이니 新親出家者는 『경국대전』 도첩법에 준해서 호패를 급여하도록 호패 사목을 改標함이 좋겠다고 上啓하여 윤허를 얻은 바 있다. 無役人이 호패법의 시행과 더불어 승려가 되려고 한 것은 定役을 기피하기 위함이었음이 분명하다. 그런데 승려라 하여 호패 佩持에서 제외되었던 것도 아니며 또한 군역과 전혀 무관하였던 것도 아니다. 명종 말년에 폐기된 도첩법은 光海朝 말에 이르기까지 復設된 바 없으므로 世祖朝에서와 같이 도첩의 재확인을 목적삼은 것은 물론 아니며 그렇다고 中宗·明宗朝에서와 같이 應役 대가로 주어진 것도 아니다. 그러므로 今此의 승인호패는 종래와 같은 면역을 전제로 한 것이 아니며 부정기적일망정 군역 부과를 위한 僧數 파악에 목적을 두었던 것이라고 보아 무방하다.[84] 그렇다면 無役人이 출가의 길을 택하는 까닭은 定役軍으로서의 立役을 회피함에 있었다고 할 것이며 따라서 그들에 대한 도첩법 준용은 定役軍丁의 감축을 염려하였기 때문이었다고 할 것이다.

光海朝의 호패법은 시행한 지 거의 2년 만인 同王 4년 7월 병신에 罷去하게 되는데,[85] 이로부터 4년 후인 同王 8년에는 京都 복구—임진란 시의 戰火로 입은 궁궐·관아의 피해로 말미암은 것임—를 위해 다수의 승군이 동원되었는데,[86] 이 승군에는 호패법

---

84) 『光海君日記』 권35, 광해군 2년 11월 全羅監司 尹暉의 馳啓中에 "號牌事目 在當今不可已之擧 一依印來事目 中飭列邑刻意擧行 …… 至於僧人 雲浮無定 皆是逃役之人 逐名團束 各令佩持 此輩既懷怨恨之心情"이라 보이니 승인호패의 목적한 바가 課役을 위한 것이었음이 더욱 확실해 진다.
85) 『光海君日記』 권55, 광해군 4년 7월 병신.

시행 시에 號牌案에 올려졌던 승려들이 포함되었으리라고 짐작된
다.

　인조 3년 7월에 復設된 호패법에서의 승인호패는 도첩을 가진
자라야만 佩持할 수 있었으므로 光海朝의 경우와 같이 課役을 목
적한 급패가 아니었다.87) 그러나 앞 절에서 언급한 것처럼 南漢城
役에의 從役에서 제외된 것으로 보이는 평안·함경 양도 승에게도

---

86)『燃藜室記述』권23 光海君朝故事條, "丙辰春設營建都監　作慶德慈壽兩
　　宮撤民家無數　徵8路民結　供材木　發八路僧軍赴役(日月錄)";『逸史奇
　　聞』(『大東野乘』권58 所收, 朝鮮古書刊行會刊), "光海除拜官職　視銀多
　　少　以爲陞降品秩又營仁慶慈壽景德宮　盡毀人家　以廣墻垣　以盡山木　巨
　　筏連江　調發民丁　緇髮滿城".

87) 남한성 역에서 급여된 도첩은 면역증으로서의 효능이 삭감된 듯 하
　　다. 물론 이전에도 도첩을 가진 승려는 군정으로서 충군되지는 않았
　　지만 국가 유사시에는 징발될 수 있었다(『太宗實錄』권34, 태종 16년
　　8월 신유 ;『明宗實錄』권22, 명종 12년 2월 임자). 그런데 이와 같은
　　임시적 징발이 인조 연간 이후로는 그 빈도가 퍽 잦아졌던 것으로 보
　　인다. 그것은 우선 남한산성 立番 義僧의 경우를 생각할 수 있는데 의
　　승 입번이 제도화된 연대가 분명치 않아 확언하기 어려우나 산성 畢
　　築 시 이미 성내 9개 사찰이 창건되고 있었으니만큼 축성 시부터 守
　　城 승군이 존재했음을 생각할 수 있으며,『(重訂)南漢志』권3, 佛宇條
　　에는 축성역 중에 이미 의승 입번과 摠制 中軍 등의 僧將이 있었음을
　　기록하고 있다. 만약에 의승 입번이 축성 당초부터의 사실이라면 이
　　의승은 도첩을 가진 승려들이었음이 분명하다. 다음에『備邊司謄錄』
　　제5책, 인조 16년 2월 초11일조의 "左相曰 …… 且南方之事　雖不必在
　　於今年　而南方山城　則不可不條築以爲陰雨之備　僧軍若役於南漢　則後
　　日將用何軍乎"란 기사에서 승군이 산성 수축을 전담하다시피 한 사실
　　을 알겠거니와 이와 같이 동원된 승려들이 모두 남한성 역 이후에 새
　　로 출가한 무도첩승려만이었다고는 할 수 없을 듯하다. 더구나 인조 5
　　년 丁卯亂에서 同王 14년 丙子亂에 이르는 사이의 외침에 대비하기
　　위한 축성역이 계속되었을 것임을 생각할 때 유도첩승이라 하여 安逸
　　을 허용하였을 것으로는 생각되지 않는다.

승인호패를 지급했다고 가정했을 경우 승인호패는 該道 승에게 도첩이 주어지지 않았을 뿐 아니라 守城軍이란 중요 책무의 부과가 불가피하였음을 비추어 볼 때 과역을 위한 僧數 파악에 그 목적이 있었다고 보아야 할 것이다.

5. 結語

세조의 적극적인 護僧策은 准役給牒이라는 도첩법 운용면에서도 찾아볼 수 있다. 同王 4년 8월부터 성행한 승군의 동원과 응역승에 대한 부역 대가로서 도첩 급여는 同年 4월에 일단 실시하기로 결정된 바 있는 호패법과도 관계 있는 것으로 보인다.

호패 사목에는 승려에 관한 규정이 전혀 없고, 또한 승려는 신분 및 면역을 보장한 도첩을 가지고 있음이 원칙이므로 호패법 적용 대상에서 제외된 듯 하다. 그러나 도첩을 받아야 했던 것으로 생각된다. 이러한 무도첩승을 구제하기 위해 준역급첩이란 방도가 취해졌던 것으로 보인다.

승려에 대한 준역급첩과 호패법 적용 대상에서의 제외는 差役을 기피하고자 출가하는 위법승의 배출을 조장하였다. 더욱이 다수의 有役人 公私賤 등의 冒法出家는 호패법의 목적에 위배되는 것이었다. 이에 세조 7년 8월에 이르러 승려에게는 별도로 승인호패법을 마련하여 도첩을 가진 합법승에게는 호패를 주되 무도첩승은 刷還하게 할 것을 원칙으로 한 단속법을 강구하게 되었고, 승인호패법이 실제로 시행에 옮겨진 것은 同年 10월부터의 일이다.

이와 같이 위법 출가승 방지 및 刷出을 목적으로 마련된 승인호패법은 세조년간에는 도첩 濫給으로 말미암아 所期한 성과를 거두지 못하고 성종 즉위년에 罷去되었다.

중종 31년 8월에 復設된 승인호패법은 견항 방색, 의항 개착이라는 국가의 긴요 사업처에 승군을 동원하여 부역승에게 부역 대가로 호패를 지급하도록 하였다. 이러한 승인호패 지급은 무패승을 색출하고 定役을 전제로 한 것이었으나 급패 후 무패승의 단속이 勵行되지 못하였으므로 역시 該法의 목적을 상실하였다.

다음 명종 2년 2월에 다시 시행된 승인호패법은 同王 5년에 도첩법의 復行과 동시에 罷去되었는데 승인호패는 전대에서와 같이 각 營繕處에 동원된 승려에게 赴役代償으로 주어졌다. 호패 지급과 병행하여 무패승의 단속이 뒤따르지 못하고 문정왕후의 불교옹호책으로 말미암아 무패승도 묵인되었으므로 승인호패법은 실효를 거둘 수 없었다.

명종 이후로 오래도록 실시되지 않다가 광해군 2년 9월 호패법의 시행과 동시에 승인호패법도 復行되었다. 명종 말 이후로 도첩법이 시행되지 않은 지 오래이나 승려는 묵인되었고 임란 시의 義僧을 비롯하여 각처 국가 사업에 적극 징발되어 사역되었었다. 그러므로 이때에는 호패법 시행 이후의 출가자를 지칭한 듯한 新僧을 제외한 旣출가자에게는 일률로 호패가 지급된 것으로 보인다. 호패법은 同王 4년 7월에 폐기되었는데, 그 후 승군 동원에 今此의 승인호패안이 참고되었을 것으로 안다.

인조 2년 9월 남한산성의 축조 역을 승군으로 하여금 전담케 하면서 應役僧에게는 도첩을 주기로 作定되었다. 축성 역이 진척되고 있던 중인 동왕 3년 7월에 호패법의 復設과 동시에 축성 역에 應役하여 도첩을 받은 승려에게만 승인호패를 급여하도록 하였다. 그런데 남한 입역에서 제외된 것으로 보이는 평안·함경(端川·利城·北靑·洪原의 4읍) 양도의 승에게 대한 승인호패 지급 여부는 알 수 없다. 그러나 此 양도의 승은 築城軍·守城軍·採銀軍으로서 입역됨으로 말미암아 남한 종군에서 제외된 것이므로 도첩이 없더라도 승인호패를 주도록 변법 조치가 강구되지나 않았나 생각되기도 한다.

승인호패법의 시행 및 그에 따르는 발급 과정은 위와 같은데, 世祖朝 승인호패법 初定 시에 호패는 도첩을 가진 합법적인 승에게 주어지는 것을 원칙으로 하였다. 따라서 승인호패는 승려의 신분 및 면역을 보장한 도첩의 특전을 재확인한 것이며 연로한 승 혹은 心行이 출중한 자에게 주어진 호패는 도첩과 완전히 동일한 효능을 갖는 것이었다. 중종·명종 兩朝에서의 승인호패도 견항·의항 等處의 국가 긴요사업에 부역한 승에게 지급되었다는 지급 방법이 世祖朝와는 차이가 있지만, 그것이 도첩과 똑같은 효용을 갖는 것임에는 다름이 없었다.

그러나 중종 33년 9월에 배불 유신의 반대로 수패승이 견항 방색군으로 定役됨으로써 호패는 立役證으로 一變하였고, 명종 20년 4월 숭불 왕후 文定의 薨去 후 호패 효능의 지속도 의문시된다. 光海朝 당시의 승려는 국가 영선사업에 징발 사역됨이 상례로 비록 부정기적일망정 군역의 일익을 담당하는 중요한 役軍이었던 만큼 이때의 승인호패는 課役을 전제로 한 것이었다. 光海朝의 승인호패는 입역증이었다.

光海 다음 仁祖朝의 승인호패는 세조조의 경우와 같이 도첩 소지자에게만 주어졌으니 그것은 역시 신분과 면역의 재확인이었다. 그러나 남한 입역에서 제외됨으로써 도첩을 수취할 수 없었던 것으로 보이는 평안·함경 양도의 승은 그들이 져야 했던 국방상의 책무와 採銀事의 긴요성에 비추어 그들에게도 호패가 주어졌다면, 그것은 남한 입역 6도의 승과는 달리 입역을 위한 것이었다고 할

것이다.

제2장 屯田考

1. 序言

屯田은 군량 조달을 위하여 설치된 田土로 新羅 文武王代에 唐將 劉仁軌가 百濟를 멸한 뒤에 南原에 設한 것을 그 효시로 삼는다. 唐軍 철퇴 후에 그와 같은 둔전제가 신라에 의해 모방 계승되어 국경 수비군단의 증치에 따라서 둔전도 확대되었을 것이라고도 하나[1] 확증을 찾을 길이 없다. 高麗朝에서도 6대 成宗代로부터 東北·西北面에 屯兵制를 실시한 것은 곧 防戍屯兵의 경작지인 둔전의 설치를 짐작하게 하나[2] 『高麗史』 권82, 兵志 屯田條 顯宗 15년(1024) 정월에 도병마사가 奏하여 西京 및 畿內의 河陰部曲民 백여 호를 嘉州南 쪽의 둔전으로 이사하였다고 한 기사가 麗代 屯田制에 대해 언급한 첫 기록이다. 이 고려의 둔전제는 왕조 말기까지 여러모로 폐해를 빚으면서 계속 실시되었고 이조에 이르러서도 또한 고려의 둔전제는 그대로 襲用되어 왕조의 토지제도상 중요한 일부를 이루었다.

이조의 둔전은 고려의 그것과 같이 國屯田(軍屯田)·官屯田의 구별이 있었으니 『經國大典』 권2, 戶典 諸田條에 "國屯田以所在官

---

1) 白南雲, 『朝鮮封建社會經濟史(上)』, 改造社, 1937, 5쪽.
2) 백남운, 위의 책, 90~91쪽.

境內鎭戍軍耕穫 補軍資"라 하였음과 "官屯田 主鎭二十結 巨鎭十結 諸鎭五結 府·大都護府·牧各二十結 都護府·郡各十六結 縣驛各 十二結"이란 규정이 바로 그것이다. 관둔전은 지방 관아의 經費支 辨을 위하여 각 州府郡縣 및 營鎭에 분급된 田土인데, 이 둔전설치 의 처음은 고려 顯宗 4년으로『高麗史』食貨志 農桑 同王 4년 4월 조에 "許令州府郡縣 各耕屯田五結"이라 보인다.

위와 같이 둔전제의 내용과 내력을 대충 개관하면 별로 문제될 것이 없을 듯하나, 사실 좀더 소상히 관찰한다면 좀체로 정연한 이 해를 얻기 어렵다. 또 先學의 업적을 자세히 檢讀하면 牴牾됨과 모 호함이 적지 않아 혼란을 빚어내기 일쑤이다.

2. 國初 屯田制의 問題點

이조 국초의 둔전제를 말하는 이면 누구나 "國屯田弊於民 除陰 竹屯田外 一皆罷去"라고 한『太祖實錄』원년 7월 정미조의 즉위교 서 중 一節을 우선 인용하기 마련인데 이의 해석은 모두 다르다. 『朝鮮의 土地制度及 地稅制度 調査報告書』(以下『報告書』로 약 칭함)에서는 "定宗元年에 全國의 屯田을 모두 廢하고 오직 京畿道 陰竹郡所在 屯田 一處만을 留置하였다"(29쪽)라고 하였고, 또『李 朝時代의 財政』(이하『財政』으로 약칭함)에서는 "定宗元年(1399) 에 高麗朝의 弊害에 鑑하여 京畿陰竹郡의 一處를 제외한 全國의 官屯田을 廢하였다"(96쪽)라고 하였고『朝鮮田制考』(이하『田制 考』로 약칭함)에서는 "李朝는 太祖 卽位에 즈음하여 元年 壬申 七 月 卽位敎旨에서 …… 國屯田 卽 國營屯田은 全部 廢하였다"(181 쪽)라고 한 것들이 바로 그것이다. 우선 이 문제에 대한 약간의 견해를 적어 보려 한다.

『三峯集』朝鮮經國典 政典 屯田條에 "殿下卽位 用議者之言 革去 沿海屯田止置陰竹一所 民力可謂紓矣"라고 기재하고 있어 태조 원년 즉위 초의 둔전 혁파 사실을 방증하여 준다. 그러나 혁파된 둔전을 沿海屯田이라고만 하고 있어 國屯·官屯의 구분은 분명치 않다. 그런데『太祖實錄』권5, 태조 3년 정월 무오조에 "都評議使司 請 …… 復屯戍軍屯田燔鹽 以充軍資"라고 기록되어 있어 屯戍軍屯田의 復設이 요청된 바 있음을 보면, 태조 원년에 혁파된 둔전은 실록 기사 그대로 국둔전으로 봄이 타당하다. 이조시대의 수군은, 防戍란 본래의 軍務보다도 둔전 경작, 燔鹽 등 役事에 시달림이 여간하지 않았음에 비추어, 都評議使司 啓請中의 屯戍軍이란 수군을 비롯한 沿海屯戍軍을 가리켜 말함이 아닌가 생각되며『三峯集』의 연해둔전이라 함과 연관지어 봄직도 하다.

이와 같이 태조 원년에 혁파되었던 연해국둔전은 定宗 즉위 초 교서에 "屯田之法 始自屯軍塞下 非役平民 除水陸屯軍且耕且戰外 役事平民 號稱屯田者 一皆罷之"[3]라 하고 있음을 볼 때, 태조 연간에 復設된 것으로 보인다. 이 정종의 교서에 근거하여『田制考』에서는 "李朝初에 屯田의 전부를 폐지한 樣으로 생각하는 이도 있으나 …… 평민을 使役하여 영위한 둔전만을 폐지하고 水陸軍의 둔전은 그대로 存置"(181쪽)하였다고 하였으나, 그렇다면 앞서 都評議使司의 둔수군 둔전 復設 요청은 어떻게 해석해야 할 것인가?

---

3)『太祖實錄』권15, 태조 7년 9월 갑신.

3. 國初의 官屯田 存廢問題

위와 같이 국초에 혁파 대상이 되었던 것이 국둔전이라면, 관둔전은 그대로 존치되었던 것으로 보아 마땅하다. 그런데 『財政』에서는 관둔전이 국초에 罷去된 것이라 하고,『田制考』에서는 世宗 6년에 "관둔전을 復設"(182~183쪽)하였다고 하고, 『報告書』에는 『經國大典』의 관둔전 규정을 移載하고 있을 뿐이다(294쪽).

세종 6년 10월 정미 戶曹는 "各官衙祿公須 全以國庫所儲支用 則軍資將有虛竭之虞 願復州縣屯田之制 留守牧大都護府 水旱田多不過十結 都護府知官八結 縣令縣監六結 以官奴婢無弊耕作 所出報監司置簿 隨其衙廩乏絶之時 報監司支用 若加耕或役民守令 按律科罪"[4]라고 上啓하여 州縣屯田制의 復役을 청하여 윤허를 받았다. 호조의 啓請은 주현둔전제의 復設인 바, 의당히 이전 어느 때에 일단 폐지되었던 것임에 유의하여야 마땅하다. 위의 所論들은 이 점을 완전히 외면하였다.

『太宗實錄』권1, 태종 원년 정월 갑술조를 보면 門下府 郞舍가 상소하여 軍器監 둔전의 폐해를 논하고 該屯田의 혁파를 청한 바 있다. 또한 同王 6년 4월 신유조에는 定額外寺社奴婢를 "悉屬典農寺 因其舊居 使之屯田"하게 하였다고 씌어 있다. 이에서 군기감 둔전 혹은 典農寺둔전이란 중앙관서에 소속된 관둔전의 존재를 알 수 있다. 그뿐 아니라 同王 6년 윤7월 계해조의 大司憲이 올린 時務十事 중에 "州郡廩給田租 或不足於支應 故許於其境擇陳荒可耕處 無弊耕種 以補不足 守令占移接人田 多置屯田 民受其弊 以致流亡者有之 各官屯田 宜定其數 毋令泛濫 違者以不廉論罪"란 一節이 들어있어, 합법적인 지방 주현 관둔전의 존재가 확증된다.

---

4)『世宗實錄』권26, 세종 6년 10월 정미.

이제 세종 6년 이전의 관둔전 폐지 경위를 더듬어 보기로 하자. 太宗 6년 11월 기묘에 左政丞 河崙은 前朝말 이래로 지금껏 革去되지 못한 민폐 數條를 具陳한 가운데에서 주현 둔전의 폐해를 지적하고, 이의 革去를 啓請한 바 있다.[5] 그 啓文 중에, "州縣屯田 已有禁令 爲守令者任然行之 或聚民屯種 或散種科斂 不歸國用 全爲私費"라고 한 귀절이 있다. 이에 의하면 주현관둔전은 이미 금지되어 있는 데도 불구하고 수령이 자의로 경영하고 있다는 것이다. 그런데 관둔전의 경영이 합법적으로 인정된 사실임을 말하고 있는 前揭 大司憲의 啓文을 상고한다면 관둔전에 대한 금령이 취해진 때는 河崙의 啓文이 나오기 전 얼마 안 되는 때, 즉 태종 6년 윤7월 계해에서 同年 11월 기묘 사이로 짐작이 간다. 다음 항에서 금지 시기나 동기에 대하여 더 좀 구명하여 보기로 한다.

4. 戶給屯田의 設置와 官屯田의 廢止

태종 6년 7월 정미에 戶給屯田法이 제정되었는데 그 목적은 船軍의 軍食을 조달하는 데 있었다.[6] 該法의 시행 세칙은 同王 7년 정월 계축에 마련되었다.[7] 즉 議政府는 "前年七月本府受旨 罷各官各浦各鎭屯田 乞將上項田畓 與革罷各寺社田畓及可耕陳地 每於十戶各給五十卜 使其近處民戶耕種 擇其中一人 定爲頭目 至秋成損實分揀 各於其官收貯 每朔題給騎船軍糧 以爲恒式 其役使船軍 營田燔鹽捉魚等事 一皆痛禁"이라고 上啓하고, 그대로 윤허되었다. 위의

---

5) 『太宗實錄』 권12, 태종 6년 11월 기묘.
6) 『太宗實錄』 권12, 태종 6년 7월 정미.
7) 『太宗實錄』 권13, 태종 7년 정월 계축.

議政府啓文 서두에서 관둔전이 전년 즉 태종 6년 7월에 혁파된 것임을 알게 된다. 그렇다면 戶給屯田法의 제정에 전후하여 혁파된 것으로 보면 틀림없을 듯하다. 이 호급둔전법은 미처 시행도 되기 전에 반론이 비등하여 同年 6월 경술에 일단 폐기되고 말았지만[8] 同王 9년에 접어들어 다시 시행케 되었다. 同年 정월 갑진에는 各司 外方奴婢 및 革去寺社奴婢에게[9] 同月 신유에는 外方民戶에게[10] 각각 戶給屯田種穀을 분급하여 秋成時에 수렴하도록 결정하였다. 그 給種 및 수렴액은 다음과 같다.

除六十已上十五以下外 壯奴給種租十斗 壯婢八斗 至秋成 每一斗收十斗

以外方民戶 第其大中小戶 戶給屯田種子大戶三斗所出十五斗 中戶二斗所出十斗 小戶一斗所出五斗 殘戶二三並給一斗所出五斗 勿論雜穀待秋收斂

이번 호급둔전법 復設에서도 적지 않은 物議가 있었지만 8도전역에 걸쳐 그대로 결행되었다. 이 호급둔전법은 정승 하륜의 발안이라고 하지만, 그 유래는 麗代에 비롯한다. 실록에 "前朝屯田烟戶米法"[11] 혹은 "前朝忠宣王 爲民生立法 至僞朝之秀廢絶"[12]이라 하여 麗朝 忠宣王代에 시작하여 僞朝(禑王·昌王) 말에 폐절된 것이라 하고 있다. 『高麗史』 충선왕대 기록에는 烟戶米法 창설만을 전하고 있을 뿐이다. 하지만 同法의 폐절에 대하여는 『高麗史』 兵志

---

8) 『太宗實錄』 권13, 태종 7년 6월 경술.
9) 『太宗實錄』 권17, 태종 9년 정월 신유.
10) 『太宗實錄』 권17, 태종 9년 정월 신유.
11) 『太宗實錄』 권12, 태종 6년 7월 정미.
12) 『太宗實錄』 권13, 태종 7년 6월 계미.

屯田條 辛禑 원년 2월에 “下旨屯田之法 …… 今 戶給種子 不論豊歉 收入無法 民甚苦之 仰都評議使 行移各道 家戶屯田 一皆禁止”라고 기재하고 있는데, 여기서 이른바 ‘家戶屯田’이란 바로 ‘戶給屯田’과 異名同質의 것임을, 우선 그 둔전 명칭이 ‘가가호호에 배당된 둔전’, ‘호별로 분급된 둔전’의 뜻으로 서로 근사하다는 점에서 쉽게 알 수 있으며, 또한 戶給種子는 바로 戶給屯田種子와 같은 뜻이며, 둔전의 경작자가 모두 民戶이라는 점 등에 비추어 명백히 알 수 있다.

5. 戶給屯田의 廢止와 官屯田의 復設

호급둔전은 앞에 설명한 바와 같이 관둔전의 폐지를 전제로 마련된 것이었다. 그러므로『田制考』등 여러 논저에서 관둔전의 復設문제를 모호하게 얼버무려 넘긴 것은, 이러한 호급둔전의 설치 경위를 소상히 하지 못한 데에 기인한다.

이 호급둔전법은 군량의 확보를 위한 것이었으나, 또 한편으로는 관둔전 폐해의 救匡策이기도 하였다. 該法의 발의자인 하륜이 관둔전의 폐해를 “或聚民屯種 或散種科斂 不歸國用 全爲私費”[13] 함에 있다고 하여 그 罷去를 청한 바 있는데, 이 하륜의 말에서 관둔전을 두 종류로 구분할 수 있다. 즉 ‘聚民屯種’형과 ‘散種科斂’형이 곧 그것이다. 전자는 民丁을 징발하여 種穀을 주어 경작하게 하는 것으로 ‘有屯田’이며, 후자는 종곡을 民戶에 분급하여 秋成時에 종곡의 몇 갑절을 수렴하는 것으로 ‘無屯田’이다.

전자의 경우는 민호의 노력 부담을 증가시키고, 후자의 경우에

---

13)『太宗實錄』권12, 태종 6년 11월 기묘.

는 조세 부담을 가중시킨다. 그러므로 후자의 경우에 폐해가 훨씬 더함은 물론이다. 당시의 관둔전에는 후자의 경우가 훨씬 많았던 모양으로 “官實無田 春間戶給稻豆種 至秋倍籢收之 其實加賦也”[14]란 기사는 저간의 실정을 전하여 준다.

관둔전에 있어서 그러한 加斂한 弊가 호급둔전 실시로 인해서 제거된 것은 아니다. 지방 관아의 자의적인 호급둔전이 국가제도의 호급둔전으로 바꾸어지고, 수익자가 지방에서 국가로 옮겨졌을 따름이다. 굳이 호급둔전의 이점을 들자면 수렴액이 고정되고 경감되었을 것이라는 것뿐이었다. 하륜이 호급둔전법의 시행을 주창한 것은 관둔전의 민폐 제거보다도 “不歸國用 全爲私用”이란 점을 더욱 큰 폐단으로 여기고 그것의 시정을 통해 國利를 도모하고자 함이 아니었을까? 하륜은 당대의 경제대신으로 일컬어져 土田·賦稅·貨幣·漕運 등 事에 걸쳐 국가재정의 裕足을 위하여 많은 힘을 기울였음을 고려할 때 더욱 그렇게 생각된다.

이러한 호급둔전은 많은 비난을 받으면서도 累年 시행되더니 설치된 지 6년 만인 同王 14년 6월 경술에 “屯田之法 本以屯軍邊塞者 且耕且戰 以補軍食 今者計口給種 以收其出 謂之屯田 實非本意 除典農屯田海道營田外 自乙未年(太宗 15년 : 필자주)以後 悉皆停罷”[15]란 宥旨가 내려짐으로써 그 해 연말을 기해 혁파되고 말았다. 호급둔전제는 혁파되었으나 관둔전 중 典農寺屯田 및 海道營田(沿海鎭營屯田) 외에는 復設되지 아니했다. 인하여 世宗 6년 10월 정미에 지방 주현의 관둔전을 復設하게 되는데, 이 때에 復設이라 부르게 된 이유를 쉽게 알게 될 것이다.

마지막으로 앞에 언급한 海道營田에 대한 약간의 의견을 붙여

---

14) 『太宗實錄』 권13, 태종 7년 2월 임신.
15) 『太宗實錄』 권27, 태종 14년 6월 경술.

이 글을 맺을까 한다.

해도영전이란 前揭한 太宗 7년 정월의 호급둔전법 시행세칙 중에 보이는 各浦屯田·各鎭屯田에 해당하는 것으로, 水陸軍의 諸鎭營에 소속된 營屯田으로 간주된다. 陸兵의 要鎭이 연해에만 두어졌던 것은 아니지만, 『經國大典』 권4, 兵典 留防條를 보면 평시에도 상당수의 留防兵을 상주하게 한 聚要諸鎭이란 대개 연해 진영들임을 상고한다면 해도영전이라고 한 까닭을 알 수 있다. 이 진영의 둔전을 『田制考』에서는 軍屯田이라고 하였다가는(184~185쪽) 또 관둔전으로 간주하기도 하는(185~186쪽) 모순된 기술을 하고 있으나, 호급둔전의 설치가 관둔전의 폐지를 전제로 한 것임을 새삼 상기할 것도 없이 『經國大典』 권2, 戸典 諸田條에 관둔전으로 명시되어 있는 터이다. 이어서 세종 6년에 지방 관아의 관둔전 復設을 결정할 때 진영에 대한 언급이 없었던 것도 수긍된다고 하겠다.

이상에서 이조 초의 둔전제에 대하여 약간의 견해를 대충 소개하여 보았는데 미진함이 없지 않고 또 國屯田·營屯田에 관하여는 더 첨언하고 싶은 점이 없지 않으나 후일의 기회로 미루기로 하고 이만 그친다.

제3장 貨幣政策考

1. 序言

고려 말에 萌芽한 楮貨制[1]는 조선조에 계승되어 제3대 태종 원
년(1401)에 그 실시를 보게 되었다. 세종 7년(1425)에는 저화제가
일단 폐지되고 銅錢制로 바뀌었으나 세종 27년(1445)에 이르러 다
시 저화제로 복귀하였다. 이후 대략 성종 말년경(1494)까지 저화제
는 존속되었다. 이와 같이 거의 1세기 간에 걸쳐 貨制 혹은 鑄貨制
의 실시가 꾀하여졌으며 그것은 엄연한 法貨로서 그 유통이 규제
되었다. 저화에 대한 규정이 『經國大典』 권2, 戶典 國幣條에 다음
과 같이 보인다.

國幣通用 布楮貨(正布一匹准常布二匹 常布一匹准楮貨二十張 楮
貨一張准米一升 凡徵贖全用楮貨 價買一半用之)

무릇 주화 내지 그것의 최종 발전 단계인 지폐를 사용하는 고도
의 화폐경제로 전환이 이루어지기 위해서는 그것에 상응하는 사회
경제적 성숙이 전제되어야 함이 주지된 사실이다. 따라서 동전과

---

1)『高麗史』권79, 食貨志2 貨幣 공양왕 3년 3월조 ; 田村專之助, 「高麗
末期に於ける楮貨制採用問題」, 『歷史學研究』7권 3호, 1937 참조.

저화, 특히 저화로 대표되는 조선전기 화폐유통에 대한 해명은 바
로 조선전기 즉 15·6세기의 사회경제적인 성격 구명과 연결되는
것이다.

2. 楮貨制의 採擇과 그 流通

  조선 건국 직후인 太祖 3년 7월 을묘에 호조판서 李敏道가 錢幣
制 실시를 獻議하였으나 실행되지 않았다.[2] 그러나 太宗이 즉위한
이듬해 원년 4월 갑자에 河崙의 헌의로 司贍署를 설치하고 저화를
印造 발행하기로 결정되었다.[3] 그리하여 다음해 정월 기축에는 新
造 저화 2천 張이 왕에게 진상되었고,[4] 바로 사흘 후인 同月 임진
에는 楮貨價를 1張＝五升布 1필＝米 2斗로 公定하였고,[5] 동시에
저화 통용책으로 民庶로 하여금 저화로써 國庫米豆를 무역하게 할
것을 결정하였다.[6] 이로부터 그리 멀지 않은 날로부터 頒行되었으
리라 짐작되지만, 頒行 날짜는 확실하지 않고, 그 頒行 방법도 확
실하지 않다. 다만 新造 저화가 처음 진상된 다음 날인 정월 경인
에 頒祿에 저화를 并給하도록 정한 바 있기에[7] 그 해 2월 초하루
頒祿日로부터 반록이란 방법으로 첫 반행이 되지 않았던가 생각된

---

  2)『太祖實錄』권6, 태조 3년 7월 을묘, "戶曹典書李敏道 請行錢幣".
  3)『太宗實錄』권1, 태종 원년 4월 갑자, "初置司贍署 令一丞二直長二注
     簿二 以掌楮貨 從河崙之議 欲行鈔法也".
  4)·『太宗實錄』권3, 태종 2년 정월 기축, "司贍署進新造楮貨二千張".
  5)『太宗實錄』권3, 태종 2년 정월 임진, "楮貨一張准常五升布一匹者直米
     二斗".
  6)『太宗實錄』권3, 태종 2년 정월 임진, "命民庶以楮貨貿易國庫米 從議
     政府之請也".
  7)『太宗實錄』권3, 태종 2년 정월 경인, "命頒祿并用楮貨".

다.

　저화의 유통을 정한 이상 그 유통이 가능하려면 무엇보다 선행해야 할 것은 먼저 저화가 민간에 周給되는 방도를 강구하는 일이요, 또 하나는 저화의 兌換 보증을 확실하게 하는 일이다. 그리하여 정부는 京外에서 저화의 주급과 태환 보증을 위해 민간이 소유한 金·銀·布·米 등의 買上, 國庫 米豆魚肉의 放買 등에서 저화로의 去來 교환을 실시하였다. 同王 2년 2월 을축·정묘와 3월 경인조 실록 기사에 각각 다음과 같이 보인다.

> A) 議政府上通行楮貨之法 啓曰 聞外方民間楮貨 未得流布 以米買得外方楮貨 買縣紬木縣上納 民用楮貨矣 允之(『太宗實錄』권3, 태종 2년 2월 을축)
>
> B) 楮貨之行 民不信用 乃令戶曹出楮貨 買金銀木縣麻布苧布 豊儲倉出米買楮貨　又以慶尙道米穀二千石全羅道一千石買楮貨 民之欲買米於豊儲及兩道者　爭納綿布於戶曹　而受楮貨(『太宗實錄』권3, 태종 2년 2월 정묘)
>
> C) 以豊儲倉米豆 司宰監魚肉 易民間楮貨欲楮貨之通行也(『太宗實錄』권3, 태종 2년 3월 경인)

　위의 기사에서 다음 사실을 지적할 수 있다.

　첫째, A)의 기사를 보면 外方에서의 저화 유통을 위해 외방 군현에 저화를 分送하여 민간의 미포와 교환하게 함으로써 외방에 저화를 보급하고 그 유통을 꾀하려 했던 것 같다.

　둘째, B)의 기사가 바로 위의 방침을 시행에 옮긴 조치였다고 생각된다.

　셋째, 민간에서 저화를 求得할 수 있는 방법은 京中에서는 금·은·布帛과, 그리고 외방에서는 미곡·포백으로 정부 또는 군현이 저장하고 있는 儲貨와 교환하는 것이었다.

넷째, B)의 기사에서 정부 측은 민간에서 저화(가치)를 신용하지 않음을 언급하고 있다. 무릇 화폐가치는 그 태환 보증이 안 되고서는 그 가치가 신용될 수 없고, 따라서 그 通行을 기대할 수도 없다. 이 때문에 B), C)에서와 같이 정부가 저장하고 있는 米豆 혹은 魚肉을 저화로써 購得할 수 있게 하였다. 그러나 C)의 외방 관계 기사에서 분명하듯이 放賣 物貨는 미곡에 한정되고, 물량 또한 정량적인 것이고 보면, 방매 기간은 한시적일 수밖에 없는 것이겠고, 이러한 상황은 시중에서도 역시 일반적이었을 것으로 여겨진다.

다섯째, 외방에서의 민간 布米와 군현의 官儲 저화와의 易換에 의한 저화 보급책은 별로 성과를 얻지 못한 듯하다. 그것은 B)에서 보는 바와 같이 경상·전라도에서 미곡 방매에 참여한 사람은 外方民 아닌 京中人이었음에서 반증된다. 경상·전라도의 경우 얼핏 보아서는 민간 저화와 군현 官穀과의 역환이 이들 지역에서 이루어진 듯 보이나, 실제로는 경중에서 이루어진 것이나 다름이 없었다고 하겠다.

이와 같이 정부가 꾀한 저화 보급책 특히 태환 보증책은 극히 미비한 것이었다. 태환 보증의 미비는 정부의 금·은 등 귀금속을 비롯한 布物의 買上을 통한 민간에의 저화 周給을 不如意하게 했을 것으로 짐작된다. 태환이 보증되지 않는 한 저화는 한 조각의 紙張에 불과한 것이므로 無用之物이고, 오래도록 실물화폐로 기능해 온 金銀布貨와의 교환에 순순히 응했을 리 없는 것이다. 더구나 민간 상호간에서 저화로 교역하는 것을 기대하기란 더욱 어려운 일이었다고 하겠다.

저화 주급책으로 실시되었던 금은포화 특히 포화와의 역환에 의해 상당량의 포화가 정부에 의해 무역되었다. 경중 및 외방에서 무역된 포화는 호조로 상납되었다.8) 경중에서는 호조 豊儲倉에서 뿐 아니라 京市署에서도 저화로 민간 포화를 買上하였다. 태종 2년 5월 임인조에 경시서가 매입한 常五升布가 3,600필이라 적혀 있다.9) 또한 同年 6월 임술조에는 호조에서 貿得한 민간 오승포가 24,600 필이라 하였다.10) 조선전기의 국가 세입 포화 중에서 가장 주된 세입원인 奴婢身貢布에 필적할 만한 匹數11)인 것이다.

한편 저화의 태환 보증을 위한 미곡 방매는 경중·외방을 막론하고 定量에 따라 한시적인 것이었다. 풍저창과 경상·전라도에서 미곡을 방매하기로 한 지 3주여 만인 4월 계축에 內書舍人 李之直 등이

軍需不可不備也 今中外倉廩 未有陳陳之粟 而以貿易楮貨 使軍食 皆入於商賈之家 識者憾焉 願殿下勿令貿易 以備軍資12)

라 상소하고 있다. 즉 군수 불비를 이유로 미곡 방매 중단을 요청하고 있다. 이 요청을 議政府·司平府·承樞府 3府로 하여금 同議申聞토록 하였던 바 의정부는

---

8) 『太宗實錄』 권3, 태종 2년 2월 을축, "議政府上通行楮貨之法 啓曰 聞外方民間楮貨 未得流布 以米買得外方楮貨 買綿紬木緜上納 民用楮貨矣 允之"; 권3, 태종 2년 5월 임인, "京市署以楮貨 買常五升布三千六百匹 納戶曹".

9) 『太宗實錄』 권3, 태종 2년 5월 임인.

10) 『太宗實錄』 권3, 태종 2년 6월 임술.

11) 비록 조선후기 순조대의 기록이기는 하나 참고로 적는다. 『顯宗改修實錄』 권16, 현종 7년 9월 정해, "上曰 奴婢元數幾何 戶判金壽興曰 一千八百餘同 而三分之一則不過六百餘同矣".

12) 『太宗實錄』 권3, 태종 2년 4월 계축.

> 以米易楮貨 欲楮貨流行於民間 已定數而貿易 …… 至過半貿易
> 而禁之 則朝令輕易13)

라 하여 한번 내린 朝令을 가벼이 고쳐서는 안 된다 하여 定量 방
매함이 옳음을 上啓하였다. 3부 의견에 따라서 방매는 계속되었을
것으로 생각된다. 그러나 이후로 저화제가 폐지되기까지 이러한
미곡 방매가 정량 한시적이나마 계속된 흔적을 찾아볼 수 없다.

  정부에 의한 태환 보증책 不備는 민간으로 하여금 화폐로서 저
화의 가치를 불신하는 것은 물론이고 더 나아가 정부의 저화 발행
내지 유통 의도가 금은포화 수취에 의한 재정 補塡策에 있음이 아
닌가하는 의심을 갖게 하기에 족하였다고 생각된다.

  한편 정부는 미곡 등 정부 物貨의 방출에 의한 태환 보증책을
포기하고 楮貨不用考에 대한 법적 제재 강화와 布貨 禁用策을 통
해서 저화 유통을 관철하려고 하였다. 4월 무오에 司平府의

> 凡市裏楮貨常布爲半交幷貿賣 買者不受楮貨 賣者不持楮貨者 貿
> 易之物 並皆沒官14)

케 하자는 上啓에 따라 모든 물화 매매에 물화가의 반을 저화로
지불하도록 강제하고 이를 위반할 때에는 매매 물화를 몰수하기로
되었다. 그러나 저화가 유통되지 않기는 변함이 없었다.15) 이에 정
부는 楮布貨를 겸용하고서는 저화 유통이 무망하다고 판단된 듯
약 2주 후인 4월 신미에 태종의

---

13)『太宗實錄』권3, 태종 2년 4월 계축.
14)『太宗實錄』권3, 태종 2년 4월 무오.
15)『太宗實錄』권3, 태종 2년 4월 신미, "甲士等聞于上曰 臣等皆自外方而
　　來 買糧於市 市人不用楮貨 願以楮貨易粟於官".

　　國人不用楮貨 不可不治 京中限來五月初一日 外方限十五日 毋用
五升布[16]

하라는 하명이 발해졌다. 이로써 布貨 통용이 금지되고 저화를 전
용하게 되었다. 당초 저화 頒行이 시작된 지 50여 일 후인 3월 경
인에 당시의 領司平府事 河崙에게 좀처럼 저화가 통용되지 않음을
말하면서 태종은

　　以楮貨 換民間五綜布 盡入於公 則民不得已 而用楮貨矣 但楮貨
未遍民戶 而遽禁用布 則民必怨之 加造楮貨板印出 使人人皆可以得
楮貨 然後定期限 禁用布可也[17]

라 하여 저화 유통을 위해서는 포화를 禁用하게 하고 저화만을 전
용하게 해야 할 것이라는 의견을 피력하고 있었다. 때문에 포화 금
용, 저화 전용의 방침은 저화 반행 초부터 이미 예정되어 있었던
것이라고 하겠다. 그런데 저화 전용령이 내려진 지 한 달여인 5월
병오에 京市署 出榜으로 오승포 금용을 京中은 7월 15일, 近道 8월
15일, 遠道 9월 15일 이후로 연기하고 그 사이에 민간에서 갖고 있
던 오승포를 모두 저화로 무역할 것과, 禁用 후에도 여전히 오승포
를 隱用하는 자에게는

　　限後隱用現露 無職者籍沒家産依律決杖 有職者職牒收取依律決
杖[18]

---

16) 『太宗實錄』 권3, 태종 2년 4월 신미.
17) 『太宗實錄』 권3, 태종 2년 3월 경인.
18) 『太宗實錄』 권3, 태종 2년 5월 병오.

이란 중벌로 臨할 것을 포고하였다. 이러한 연기 조치는 저화 頒行
徵의 저화 週給이 신통치 않았음을 암시하는 것인데, 그러한 상태
에서 불과 열흘 남짓한 유예 기일을 두고 布貨를 禁用하도록 한다
면 유통 질서의 혼란은 물론 物貨 유통을 중단하게 할 우려마저
예상되었기 때문에 내려진 조치라고 추측된다.

　저화 전용을 공포한 정부는 포화 금용의 방침이 확고부동함을
입증하기 위하여 저화와 易換 수납된 포화를 三斷하여 關內 差備
奴婢에게 분급하기도 하고[19] 또는 민간에게 염가(오승포 3필 准
저화 1장)로 방매하기도[20] 하였다. 여기서 유의할 점은 示信策으
로서 민간에 분급 방매된 포화는 저화와 역환 수납된 포화에 불과
했었다는 점이다. 田租 또는 貢物 또는 身貢 등으로 수납되던 막대
한 양의 포화에 대해서는 어떠한 조치나 변경이 내려진 바 없었
다.[21] 賦稅로서의 布貢 징수에는 아무런 변화가 없으면서 고작 저
화와의 역환 포화의 분급 방매, 그것도 한두 차례에 그쳤던 시신책
으로 정부의 저화 전용, 포화 금용령을 민간에게 확신하게 할 수는
없는 노릇이었다. 同年 9월 갑진의 臺諫의

　　臣等竊見 自楮貨頒行以來 首發倉廩 聽民貿易 以示信於民 又換
　民所儲常五升布絶爲三端 以沮其疑 立法之意嚴且密矣 …… 一國人
　民囂囂不信 視楮貨爲無用之物 日益憂疑[22]

---

19)『太宗實錄』권3, 태종 2년 5월 임인.
20)『太宗實錄』권3, 태종 2년 6월 임술.
21) 田川孝三,『李朝貢納制の硏究』, 21쪽에서 저화 유통을 위해 慶尙道山
　　郡의 田稅를 더 이상 紬·布 등으로 걷지 않고 미곡으로 수납하게 했
　　다고 했는데, 이 紬·布를 미곡으로 대납하게 한 조치가 저화 유통과
　　전혀 무관하다고 할 수 없기는 하나, 대납의 직접 동기는 봉록으로 지
　　급할 미곡 부족에 있었다.『太祖實錄』권4, 태조 2년 9월 갑신조 참조.

이란 上言은 這間의 실정을 전하고 있는 것이다.

저화 전용, 포화 금용의 嚴令을 내린 정부의 布貢 수납은 변함이 없고, 저화의 태환 보증책은 전무한 형편에서 저화로의 포화 買上策이 강행되었으니, 저화 전용책은 도리어 민간으로 하여금 저화에 대한 불신과 저화의 無用之物視를 더하기에 족하였다. 앞서의 대간 상언에서는 계속 다음과 같이 말하고 있다.

物價騰踊未有紀極 市官之禁愈嚴 而楮貨之直愈賤 豈能行之悠久而無弊哉 況今穀已登場 米粟之價宜其賤矣 委巷窮民 持一張楮貨售索一斗之米 尙不能得 迫於飢饉怨讟莫甚 不可不慮也[23]

즉 오승포 사용 단속이 점점 엄중하여 감에도 불구하고 저화가는 하락 일로이고, 물가 등귀가 또한 심하여 저화 1장으로 1斗米를 買得할 수 없는 형편이라 窮民의 곤경과 원한이 더욱 심하니 우려하지 않을 수 없다는 것이다. 오승포로 매매하는 것이 일체 금지된 마당에 저화로 매매하는 것이 불가능하다면 餘蓄을 갖지 못한 하층 빈민은 기아를 면치 못할 것도 뻔한 노릇이다. 기아에 대한 우려는 일반 빈민에게만 있었던 것도 아니다. 녹봉의 일부인 포화를 저화로 代給하였으니만큼[24] 僅少한 봉록에만 의존하던 하층 관료 혹은 番上 군인의 경우[25]도 동일하였다. 그리하여 마침내 同年 9월 갑진에 저화 전용을 철회하고 오승포 겸용을 명하기에 이르렀다.[26] 앞서의 오승포 禁用令은 京中에서 약 2개월간 실행되었을

---

22) 『太宗實錄』 권4, 태종 2년 9월 갑신.

23) 『太宗實錄』 권4, 태종 2년 9월 갑신.

24) 『太宗實錄』 권4, 태종 2년 9월 갑신, "司憲府司諫院交章上言 …… 近因國家財用匱乏 各品祿俸布貨代以准四匹楮貨".

25) 주 15) 참조.

뿐 외방 특히 遠道에서는 적용해 보지도 못한 채 철회되고 만 셈이다.

　원래 저화 발행이 계획될 무렵에 오승포 금용을 의도했던 것이 아니었던 것은 司憲府・司諫院의 楮布 겸용 獻議 중에

　　其楮貨之文有曰 與五升布通行 姑令楮貨並用 聽民所好 毋使强之 以順其情27)

이라 하였으니 저화 文面에 '與五升布通行'이란 글귀가 인쇄되어 있었던 바로도 명백하다. 楮布를 겸용하기로 작정했던 당초의 계획과는 달리 저화 전용으로 변경하게 된 이유는

　　上謂河崙曰 凡民當貿易之際 以布爲可用 以楮貨爲無用 是盖習俗 惟知用布 不知楮貨之爲便也 以楮貨換民間五綜布盡入於公 則民不 得已用楮貨矣28)

라는 태종의 의견에서와 같이 오승포 사용을 그대로 내버려 두고 서는 저화 통용을 기대하기 어려웠기 때문이었다. 그런데 이제 다시 오승포 겸용을 허용하기에 이르렀으니 앞으로의 저화 유통이 더욱 어렵게 될 것은 분명했다. 同 3년 8월 을해의

　　定爲兼行楮布之法 旣而楮幣廢而不行 詩云 毋敎猱升木 如塗塗附 夫以不喜楮貨之民 道之以兼行宜乎 捨楮而取布也29)

---

26) 『太宗實錄』 권4, 태종 2년 9월 갑신, "命兼用楮貨常五升布".
27) 『太宗實錄』 권4, 태종 2년 9월 갑신.
28) 『太宗實錄』 권3, 태종 2년 6월 경인.
29) 『太宗實錄』 권6, 태종 3년 8월 을해.

라고 한 사헌부 상소 一節에 보이는 바와 같이 실제로 저화는 그 후 전혀 통용되지 않아 무용지물이 되고 말았다. 그러므로 楮布 사용을 허용한 것은 실제로는 저화제의 폐기나 다를 바 없었다고 할 것이다. 그리하여 결국 同 3년 9월 을유에는 司贍署를 혁파하고 말았으니[30] 저화가 발행된 지 불과 1년 9개월 만에 저화제는 실패로 돌아가고 다시 포화제로 환원하고 만 것이다. 저화제의 폐지와 더불어 민간 소유 저화에 대한 정부의 변상이 있었어야 마땅할 것이나, 이에 대한 아무런 조치가 취해진 바 없었으니

楮幣之始行也 國家欲示信於民 收民金銀銅鐵布帛 納之於官府 出楮幣以償之旣而楮貨不行 民欲還楮幣 則納府之物已支國用矣 官欲以布幣償之 則已毀之矣 是奪民財也 負民債也 民之素畜布幣者 使輸之於官 而廢楮幣 使商夫販婦殆盡貿易之資 是傷民財也 岡民利也[31]

라고 한 사헌부 상소에서의 비난과 같이 그것은 '奪民財'·'負民債'요, '傷民財'·'岡民利'에 틀림없는, 국가의 배신적 수탈 행위였다.

저화제의 폐지가 논의될 즈음에 태종은

予欲不行楮貨 若有利於國 待予身後 復立司贍署亦不難矣 取怨於民 以利於國 亦何益之有哉 今後非大有利於國 而百世不變之事 毋立新法[32]

이라 하고 혹은 自嘆하여

---

30) 『太宗實錄』 권6, 태종 3년 9월 을유, "罷司贍署".
31) 『太宗實錄』 권6, 태종 3년 9월 경신.
32) 『太宗實錄』 권6, 태종 3년 9월 을유.

　　初作楮貨　吾之過也　尙誰咎哉[33]

라고도 하여 民의 원한을 사가면서까지 국가 이익을 도모함이 불
가함과 그의 생전에는 다시는 저화제를 행하지 않을 뜻을 말하고
저화제 실시를 무척 후회하여 마지 않았다.
　　그러던 그가 司贍署를 혁파한 지 7년 후인 同王 10년 5월 신사
에 의정부의 저화 復用 헌의에 異論없이 동의하고[34] 同年 6월 갑
자에는 의정부로 하여금 저화제를 논의하게 하더니[35] 이윽고 同年
7월 병인에는

　　楮貨古昔美法　中廢而不行　予之過也[36]

라 하여 저화제는 美法이며 이전에 저화제를 폐지한 것을 자기의
잘못이라 傳旨하고 司贍署로 하여금 저화를 專常하게 함과 아울러
兩府로서 提調官을 삼음과 동시에 저화 인출 頒行을 명하기에 이
르렀고,[37] 同月 신미에는 使·副使·丞 각 1인과 注簿 2인으로 구
성된 司贍署 직제가 공포됨으로써[38] 저화제의 復行이 확정되었다.
　　저화는 태종 초에 印造되어 府庫에 退藏되어 있던 '建文年間印
造楮貨(或云三司申判楮貨)'를 '永樂'이라 年號만을 改印하여 우선
활용하기로 하였기 때문에[39] 재빨리도 同年 9월경에는 이미 頒行

---

33)『太宗實錄』권6, 태종 3년 9월 을유.
34)『太宗實錄』권19, 태종 10년 5월 신사, "議復用楮貨".
35)『太宗實錄』권19, 태종 10년 6월 갑자, "命議政府 議楮貨".
36)『太宗實錄』권20, 태종 10년 7월 병인.
37)『太宗實錄』권20, 태종 10년 7월 병인.
38)『太宗實錄』권20, 태종 10년 7월 신미.
39)『太宗實錄』권19, 태종 10년 6월 계묘조에 "改印楮貨 戶曹啓請 將建

을 보았고[40] 저화가를 1張＝米 1斗, 30張＝木綿 1匹으로 折定하였다.[41]

한편 저화 반행 전인 同年 8월 병진에 "禁民織常五升布"[42]하여—실행은 의문시됨—장차 오승포를 쓰지 않을 뜻을 예시한 바 있으니, 同年 9월 무인에는 楮布의 시가가 일정하지 않다는 이유로 9월 말을 한해 오승포 禁用令을 내렸다가[43] 同年 10월 갑오에는

文年間所造楮貨 改印永樂年號頒行 許之"라 하여 처음에는 태종 초년에 발행된 바 있었던 '建文年間所造' 저화를 改印 발행하였으며, 『太宗實錄』 권22, 태종 11년 10월 계묘조에 "命禁三司申判楮貨 初建文年間始造楮貨 書以三司申判 民間用之已久 其後停罷 至庚寅復行用新造 戶曹申判楮貨 而或以建文年間楮貨 削年號 改書永樂 加以印信雜用之 至是以開城留後李文和所啓 但用戶曹楮貨 又命以三司楮貨准換戶曹楮貨于司贍署"이라 하고 있듯이 新造 '戶曹申判楮貨'와 병용되었으나 후에 '戶曹申判楮貨'와 전량 교환되었다.

40) 저화의 첫 발행일은 분명하지 않다. 태종 10년 7월 丙寅朔에 "令司贍庫專掌出入 以兩府爲提調官監察 監之 又令印出頒行"(『太宗實錄』 권20, 태종 10년 7월 병인)이라 하였고 6일 후인 同月 신미(6日)에 司贍庫 직제가 공포되었으나 7월 내 발행은 어려웠을 것이며 따라서 8월부터가 아닌가 생각도 된다. 그런데 『太宗實錄』 同年 9월 무인(14日)조에 "命議政府 限今朔禁用麗布 以楮貨時價不一也"(『太宗實錄』 권20, 태종 10년 9월 무인)라고 기재하고 있어 그 발행이 좀 더 뒤늦은 것이 아닌가 하는 생각을 가지게 한다. 당초의 저화 겸용 방침을 바꾸어 9월 말을 기해 오승포 사용을 금지한 까닭이 저화와 포화와의 시가가 같지 않기 때문이라는 것이니 이것은 아직 저화의 단일 시가가 형성되지 않았던 것을 표시한다. 단일 시가가 형성되지 못한 점으로 미루어 저화의 발행이 이 시기, 즉 9월 중순에서 그리 떨어지지 않은 때의 일로 사료된다. 따라서 저화 발행은 9월 을축(초 1일)으로부터 시작된 것이 아닌가 한다.

41) 『世宗實錄』 권21, 세종 5년 9월 갑오조에, "議鑄銅錢初造 楮貨一張直 米一斗 三十張直木縣一布"이라 보인다.

42) 『太宗實錄』 권20, 태종 10년 8월 병신.

   禁用常五升布 公私貿易皆用楮貨 用布者以判旨不從 論 三日立市
於街 決杖一百徵楮貨三十張[44]

이라 공포하여 아예 오승포 사용을 일체 금하고 어기는 자는 判旨
不從의 중죄로 다스리기로 하였다. 처음 저화제를 실시했을 때와
는 달리 이번에는 처음부터 저화 사용방침을 확정하고 用布者에
이와 같은 저화 周給 방안이 외방에도 강구되었다. 그러나 그 시기
는 兩京에 비해서 훨씬 뒤늦게 강구되었다. 革去寺社奴婢身貢 등
그리고 收贖價 등을 저화로 대납하도록 함으로써 외방에서의 저화
유통이 조치된 훨씬 뒤인 同 11년 정월 정해에야

   分送楮貨於各道 令民貿易[45]

하게 할 것을 결정하고 있다.

  오승포 禁用令과 더불어 漢京과 開京에 각각 和賣所를 두어 민
간으로 하여금 저화를 留待할 수 있도록 조치하였다.『太宗實錄』
태종 10년 10월 신유조에 다음과 같이 보인다.

   乃於新舊都 各立和賣所 以鐵城君李原 義原君黃居正 爲新京提調
左軍都摠制辛有定 參知議政府事尹思修 爲舊都提調[46]

  또 훨씬 뒤의 일인 듯 하다. 11年 6월 경인에 獻納 張弛의 上書
에

---

43)『太宗實錄』 권20, 태종 10년 9월 무인.

44)『太宗實錄』 권20, 태종 10년 10월 갑오.

45)『太宗實錄』 권21, 태종 11년 정월 정해.

46)『太宗實錄』 권20, 태종 10년 10월 신유.

　　竊以爲外方楮貨贖罪之法　恐傷聖明無前之盛治也　何則京城之內
則立濟用監和賣之所　令有罪者貿易而納之　是一擧手一投足之勞耳
何難之有　郡縣則距京城或至千餘里　雖以金玉求楮貨　猶不可得[47]

이라 上書하여 외방에서는 金玉으로도 저화 求得이 불가능한 실정
임을 말하고 있다. 외방에 저화를 分送한 것은 이 張弛의 上書가
있은 뒤에 이루어진 것이 분명하다.『太宗實錄』12년 6월 무오 기
사에

　　曾送外官楮貨　積在官府[48]

이라 보인다.
　정부는 이와 같은 저화 周給策을 마련하는 한편으로 저화 가치
示信策으로 태종 초 저화제 실시 때와 마찬가지로

　　楮貨之說　歷代良法　今欲行之　以代麤布可發倉廩貿易　以示信於
民[49]

하겠다는 태종의 의견에서와 같이 정부가 보유하고 있는 물화를
저화로 貿得할 수 있게 함으로써 저화의 태환 보증을 꾀하려 하였
다. 그리하여 당초 저화 공급 업무를 담당하게 하기 위해 濟用監에
두어졌던[50] 和賣所로 하여금 이 업무도 兼務토록 했었다.[51] 그러

---

47) 『太宗實錄』 권21, 태종 11년 6월 경인.
48) 『太宗實錄』 권23, 태종 12년 6월 무오.
49) 『太宗實錄』 권20, 태종 10년 10월 정사.
50) 『太宗實錄』 권21, 태종 11년 6월 경인.
51) 『太宗實錄』 권20, 태종 10년 10월 정사.

나 京外를 막론하고 정부가 보유하고 있던 물화의 방매는 거의 행해지지 않았다.

　兩京의 和賣所라 할 지라도 정부 물화의 방매는 『太宗實錄』 태종 12년 6월 무진조에

　　且令濟用監 以庫中雜物貿易楮貨 皆慮小民不用楮貨也[52]

라 한 데서 능히 짐작되듯이, 새삼 雜物 방매를 명하고 있는 사례로 보더라도 상설적인 방매는 아니었고 그때 그때의 저화 유통 실정에 따라서 간헐적으로 행해진 것에 불과했으며, 따라서 물화량도 자연 제한적일 수밖에 없었다고 생각된다. 위의 사례 이외에 또 한 차례의 방매 사례가 확인될 뿐,[53] 태종년간 저화 유통책을 포기하기까지의 실록 기사에서 兩京에서의 방매 사례를 더 찾을 수가 없다.

　외방은 말할 것도 없고 京中에서조차 간헐적인, 그리고 제한된 양의 물화 방매가 정부의 일방적 편의에 의해 자의로 행해지는 이상 저화는 본질적으로 불환지폐인 것이다. 태환 보증책이 이와 같으니 민간에게 저화 가치에 대한 신뢰를 주기는 어려운 일이었다.

　이와 같이 태환 보증책 不備에 더하여

　　然市井之徒 私相語曰 曩在壬午(태종 2년 : 필자주) 行之未克 今日之令亦未可信也[54]

---

52) 『太宗實錄』 권23, 태종 12년 6월 무신.
53) 『太宗實錄』 권21, 태종 11년 2월 정유.
54) 『太宗實錄』 권20, 태종 10년 9월 임신.

혹은

> 臣等夙夜反覆思之 夫泥古而憚新 人情之常也 況嘗見欺於壬午
> 乎55)

란 司諫院 상소 중 一節에 보이는 바와 같이 태종 초년에 실시되었던 저화제가 오래지 않아 폐지되었고, 또 저화제 폐지에 따르는 변상 조치가 전혀 없었던 전력은 민간으로 하여금 今此의 저화제가 그 반복이 되지 않을까 하는 의구심을 갖게 할 수밖에 없었다. 그러므로 同 10년 10월 정사의 사헌부 상소에

> 竊見國家更造楮貨 使之通行 然無知之民 狃於舊習 不肯信從 暗
> 用常布 以干邦憲者 比比有之56)

라 한 바와 같이 오승포 禁用 後에도 저화 통용은 좀처럼 이루어지지 않고 범법자만 속출하게 하는 형편이었다. 左司諫大夫 柳伯淳이

> 今貿易者不用楮貨 潛以米布 相易於家 而不出於市57)

이라 하였음과 같이 혹은

> 予聞市井之人 憚用楮貨 不坐於市 多將常布 行商於外 如此則楮
> 貨似難通行58)

---

55)『太宗實錄』 권20, 태종 10년 10월 임술.
56)『太宗實錄』 권20, 태종 10년 10월 정사.
57)『太宗實錄』 권20, 태종 10년 10월 임술.

이란 王旨에서와 같이 저화 사용을 꺼려한 나머지 市廛에서의 物
貨 매매를 기피하였다.

　이에 태종은 同年 9월 무자에

　　　各道民戶 以楮貨代稅布[59)]

할 것을 명하고 同年 10월 경신에는

　　　若令外方雜貢 代以楮貨 則商賈平民 必用楮貨 宜速施行[60)]

이라 하여 外方雜貢을 저화로 대납하도록 명함을 비롯하여 同年
11월 갑자에는 通行楮貨條目을 다음과 같이 결정 시행하기로 하였
다.

　一. 各司寺社田 及功臣田科田受賜田 當收租之時 每五結楮貨一張
　　　計米太時價 必令收納 納未納各官守令當養戶考察 傳報監司
　　　監司報戶曹 已收田租者 亦令計給米太 收納楮貨 違者憲司糾
　　　理
　一. 祿俸紬布三分之一 代以楮貨
　一. 征工商有國常典 令京中工商 每月一名納楮貨一張于漢城府留
　　　後司 各道行商之稅 亦不可不征 漢城府考其行商名數 每一名
　　　計收楮貨三張 行狀成給 待六朔還取行狀 如有無行狀行商者

---

58)『太宗實錄』권20, 태종 10년 10월 경신.

59)『太宗實錄』권20, 태종 10년 9월 무자. 民戶稅布를 저화로 代收한 것
　　을 田川孝三氏는「李朝貢物考」(『朝鮮學報』第9輯 所收)에서 "戶楮貨
　　는 태종 10년 9월 戊子로부터 비롯된다"라고 하여 민호세포를 저화로
　　代收하게 된 것이 바로 호저화임을 밝히고 있다.

60)『太宗實錄』권20, 태종 10년 10월 경신.

　　許人陳告 所過官司收取所賚錢帛 輸送戶曹 決杖一百
一. 才人禾尺身貢及漁梁船稅 國用魚物外 皆以楮貨收納
一. 新舊京工匠商賈 漢城府留後司窮推 勒令出市 凡工造貨賣物色
　　各於其所必以楮貨貿易 毋令閭里 潛以他物貿易 不用楮貨 如
　　有犯者 許人陳告 依律論罪 告者給賞楮貨五十張 漢城府留後
　　司之能否 憲司紏理[61]

이에 첨가하여 태종은

　　凡有罪 皆令贖以楮貨 令民知楮貨之重可也[62]

라 하여 수속가를 저화로 대납하도록 하였고 다시

　　革去寺社奴婢之貢 皆用楮貨[63]

하자는 의정부 上啓에 따라 革去寺社奴婢身貢을 저화로 대납하도
록 아울러 결정하였다. 위와 같은 여러 가지 결정사항은 모두 징세
관계 규정이며 戶楮貨, 外方 雜貢才人, 禾尺身貢, 漁梁稅, 船稅, 革
去寺社奴婢身貢外의　各司田·寺社田·功臣田·科田·工匠·商賈
·行商(行狀)등 세는 종전에 없던 새로운 세목이다. 그리고 이들
세목에 있어 납세 의무는 모두 농민(소작), 어민, 공장, 상고, 노비
등 하층 계급에게 부과되었음과 총 수세액에 있어 외방 민의 부담
이 대부분을 차지하고 있음을 알 수 있다. 정부의 이러한 저화로의
납세책은 징세를 통해서 민간에서의 저화 수요를 부득이하게 하고

---

61)『太宗實錄』권20, 태종 10년 11월 갑자.
62)『太宗實錄』권20, 태종 10년 11월 갑자.
63)『太宗實錄』권20, 태종 10년 11월 갑자.

아울러 강요된 可用路를 마련함으로써 저화의 간접적인 가격 보증
과 그 유통을 꾀한 것임이 틀림없다.

이러한 징세 내지 收贖을 통한 저화 유통책도 同 11년 정월 갑
자의

今聞市人雖一條綿不以楮貨相易 嚴刑固非美事 若不用 則法難行
矣 富商大賈飽煖而坐 窮民未得斗米 可不痛心乎 …… 富商大賈潛
以米布私相貿易 窮乏人不得用楮貨 怨咨日甚 予甚慮焉[64]

이란 王旨에서와 같이 별반 효용을 나타내지 못하여 포화의 사용
이 예전과 같았고 저화로는 斗米조차 貿得할 수가 없었다.

이에 정부는 濟用監麤布(오승포) 3천여 필을 街路上에 내어 각
기 三斷하여 奴僕에게 分賜함으로써 포화 不用의 뜻을 보이었
다.[65] 그리고 저화 불용자에 대한 형량을 더욱 중히 하고 중범에게
는 사형까지 규정하였으니 실록에 다음과 같이 기재하였다.

重者典刑廣示 輕者杖一百身充水軍 家産沒官 如有告捕者 將犯人
家産一半充賞 漢城府留後司京市署不爲用心奉行 司憲府考察 以判
旨不從論罪[66]

한편 민간이 소유한 포화를 그대로 방치하고서는 오승포 사용과
저화 불용을 막을 수 없다고 생각되었음인지 同年 정월 임오에는

命京外大小人民 限日納布于官 受楮貨

---

64)『太宗實錄』권21, 태종 11년 정월 갑자.
65)『太宗實錄』권21, 태종 11년 정월 갑자.
66)『太宗實錄』권21, 태종 11년 정월 계유.

라 하여 민간의 포화를 모두 官에 납입하고 저화와 교환할 것을 명하고 기한 내에 교환하지 않는 자에게는 사형 내지 杖 100, 身充 水軍에 家産沒官이란 중형을 과하기로 하였다.[67]

이 交換令이 발해진 후 실록 同年 3월 계유조에

以楮貨給所收麤布價　從政府之請也[68]

라 있어 얼마만큼의 교환이 이루어졌던 것은 분명한데 그 성과가 어느 정도나 되었는지는 알 수 없다. 定限 내에 교환에 응하기보다 는 은닉 행위가 성행되었을 것도 능히 짐작할 수 있으며 후술하는 바와 같이 定限 후에 정부가 시중 民戶의 搜探과 같은 극단의 처 사를 행하게 된 것은 교환 성과가 여의치 않았음에 기인했을 것으 로 생각되는 것이다. 同年 2월 임진부터 各戶를 搜探하였으나[69] 그 결과는

近日搜民戶　得藏布者只十一人　皆貧乏不過數匹　若置于法　則恐未 便也[70]

라는 開城留後의 보고에서와 같이 발각된 자는 11인에 불과하였으 며 그것도 모두 수 필 밖에는 안 가진 빈민이었다. 이 강제적인 교 환책에 의해 저화 散布는 얼마만큼 달성되었을지 모르나 그 반면 시중을 소요하게 하고 市廛에서의 物貨 교환을 중단하게 하는 등 민심을 극히 불안하게 했을 것도 능히 예측되는 것이니 今此와 같

---

67) 『太宗實錄』 권21, 태종 11년 정월 임오.
68) 『太宗實錄』 권21, 태종 11년 3월 계유.
69) 『太宗實錄』 권21, 태종 11년 2월 임진.
70) 『太宗實錄』 권21, 태종 11년 2월 무술.

은 강제 교환 및 民戶搜布事는 이때 이후로는 전혀 실록에 보이지
않는다.

　궁여지책으로 민간 포화를 저화와 강제로 교환하는 시책이 실시
된 후에도 저화 유통 실태는 조금도 개선되지 않았다. 실록 同 12
년 6월 무오조에

　　今楮貨甚賤　無有以米易之者　閭里困之[71]

라 하였고 同月 무진조에는

　　諸色匠人將所造之物　不出街市買米於家　至於大小兩班　不得已貿
　易之物給以米布　此楮貨所以不行也[72]

라 하였음과 같이 민간에서의 저화 사용 기피는 예전과 같아서
市塵에서의 물화 교환의 위기마저 조성하였고 저화는 賤物이 되고
말았다. 이에 同月 무진에는 漢城府에

　　其斗升以下米穀貿易者　不在此限[73]

이라 명하여 斗升 이하의 미곡무역에는 雜物의 사용을 허용함으로
써 저화 전용법을 완화하기에 이르렀다.

　앞서 同 10년 11월 갑자에 결정된 通用楮貨條目에는 俸祿 중 포
화 일부를 저화로 지불하는 것 외의 정부 지출 규정은 없었다. 그

---

71) 『太宗實錄』 권23, 태종 12년 6월 무오.
72) 『太宗實錄』 권23, 태종 12년 6월 무진.
73) 『太宗實錄』 권23, 태종 12년 6월 무진.

러나 정부가 오승포 禁用을 분명히 한 이상 國用物貨買上이나 기
타의 정부 지출에 다량의 저화 지출이 불가피했을 것은 물론이다.
이들 지출사례를 일일이 杖擧하기 어렵지만 몇 가지만 例擧하면
다음과 같다.

> 分送楮貨於各道 令民貿易 其所易布貨油密以充國用[74]
> 上詣仁德宮 獻壽 …… 以正布一百匹楮貨一千丈(張 : 필자주) 賜
> 殿內侍女[75]
> 設法席于開慶寺 …… 又以正布二百匹楮貨三百張 苧麻布各三匹
> 爲布施[76]
> 賜慶會樓池役徒楮貨一千張[77]
> 戶曹啓曰 行廊造成時 破取民家凡一千四百八十六間 其瓦家一百
> 二十六間 每一間宜給楮貨二十張 共二千五百二十張 草家一千三百
> 六十間 每一間給十張 共一萬三千六百張 從之[78]
> 賜擲石軍酒肉常綿布百匹正布二百匹楮貨四千張[79]

이와 같이 정부의 저화 지출이 累會하는 반면에 정부 물자 방매
에 의한 민간 저화 회수는 활발하지 못하였다. 兩京에 설치된 和賣
所가 상설적인 정부 물자 판매기관이 아니라는 점에 대해서는 이
미 언급한 바이며 저화 斂散의 필요가 때때로 강조된다는 것 자체
는 이미 斂散이 적절히 행해지지 않은 사실을 반증하는 것이다. 태
종이

---

74)『太宗實錄』권21, 태종 11년 정월 정해.
75)『太宗實錄』권21, 태종 11년 5월 임술.
76)『太宗實錄』권27, 태종 14년 5월 신묘.
77)『太宗實錄』권24, 태종 12년 7월 임인.
78)『太宗實錄』권28, 태종 14년 9월 무인.
79)『世宗實錄』권12, 세종 3년 5월 병인.

楮貨有斂散之法 今多散不斂 安得不賤乎 宜姑沮之[80]

라 하며 저화의 지출이 많고 회수하지 않으니 천해질 수밖에 없어서 잠시 지출을 중지하려 한 것으로도 알 수 있다.

그리하여 정부는 앞서의 通行楮貨條目 이후로 다시 新參馬價 度牒丁錢을 저화로 代收,[81] 京中家基稅 · 外方各官歲貢楮貨 · 巫女業中稅 · 行廊稅 · 奴婢餘貢楮貨 신설,[82] 商賈 · 各田結附加稅의 引上[83] 등 저화의 대정부 납입로를 확장함으로써 저화 회수를 도모

---

80)『太宗實錄』권23, 태종 12년 3월 무오.

81)『太宗實錄』권23, 태종 12년 6월 무진.

82) 京中家基稅와 外方各官歲貢楮貨는『太宗實錄』권25, 태종 12년 7월 병술에, 行廊稅는『太宗實錄』권29, 태종 15년 4월 기사에 각각 신설되었다. 巫女業中稅는『太宗實錄』권30, 태종 15년 7월 기유에 저화로 代收할 것이 논의된 일이 있을 뿐 대수하게 된 年時는 알 수 없으나『世宗實錄』권20, 세종 5년 6월 경오조에 "戶曹啓 …… 其巫女業中稅 奴婢身貢魚箭行狀稅等項 一應楮貨之用 亦依上加數施行 從之"라 기재되어 있어 태종 15년 7월 이후에 저화로 대수하기 시작하였음을 알 수 있다. 그리고 奴婢餘貢楮貨 수납이 시작된 연월도 역시 분명하지 않으나『世宗實錄』권28, 세종 7년 6월 임자조에 "戶曹啓 各司奴婢身貢收納之法 前此奴一口元貢正布一匹 餘楮貨二張 婢一口元貢正布一匹 餘楮貨一張"이라 있듯이 세종 7년 6월 이전부터 이미 징수되고 있었음이 명백하다.

83) 工匠稅는『太宗實錄』권28, 태종 14년 12월 신묘, 商賈稅는『太宗實錄』권29, 태종 15년 4월 기사에 각각 증액되었다. 各田結 부가세는『太宗實錄』권20, 태종 10년 11월 갑자의 通行楮貨條目에 의하면 各司田, 寺社田, 功臣田, 科田, 受賜田 등에 한해서 매 5결에 저화 1장의 징수를 규정하였으나,『太宗實錄』권30, 태종 15년 7월 기유조에 "戶曹又啓 楮貨用所耕多少 二十結以上大戶三張 每十結加一張 十結以上中戶二張 五結以上小戶一張 三結以上殘戶二幷一張 二結以下殘戶三幷一張 一結以下及鰥寡孤獨一皆蠲免 …… 從之"라 보이는 것처럼 이제 全耕作田結에 戶等에 따라 부가하게 된 것이다.

하였다. 이와 같이 증설 및 증액된 세납을 비롯한 각종 징수 종목에 있어서도 역시 전과 다름없이 그것은 대부분 하층계급의 부담이었으며 특히 외방 민에게 더욱 편중되어 있었다.

외방에서의 公設 저화 공급처는 각 주현 관사였다. 同 12년 6월 무오에 있었던 知議政府事 李膺進의

曾送外官楮貨 積在官府 如有犯罪者 計收綿布等物 以其楮貨充之 輸納于京曰 收贖楮貨幾張 緣此民無求畜之意 有乖國家徵贖之術[84]

이란 上啓에서와 같이 官府에 의한 대납 형식으로 외방 민의 저화 수요가 일부 채워지기도 하였으나 각 주현의 비축량은 얼마 되지 않았던 것 같아 慶尙道觀察使 申商의

州郡所納楮貨 外方所無 皆交易於京中商賈[85]

이란 啓言에서와 같이 京中 商賈로부터 무역하거나 혹은 호조의 戶米法 논의 중

以爲有田則有租 有戶則有調 故本朝因古制始收常五升布 次收楮 貨 歲癸卯以工商先將己物納官 倍徵其價 於民有弊 乃除楮貨 只收 戶米有差[86]

이라 언급되어 있는 바와 같이 工商에 의한 대납 방법 등으로 외방에서의 저화 부족량이 보충되었다.

---

84) 『太宗實錄』 권23, 태종 12년 6월 무오.
85) 『世宗實錄』 권1, 세종 즉위년 9월 을해.
86) 『世宗實錄』 권42, 세종 10년 12월 기해.

　　원래 저화제 시행 초에는 외방도 경중과 같이 저화 전용을 정한 바 있었으나 同 14년 12월 무술의

　　　外方買賣專用米布　不用楮貨[87]

이란 호조 上啓와 같이 거의 통용되지 않았다. 또한 실록 同 15년 정월 정사조에

　　　京中買賣並用楮貨　外方則不加考察　興利人專用米布　不用楮貨[88]

라 하였으니 단속도 별반 가해지지 않았던 것이다. 희소한 저화만으로의 매매를 강제함도 무리한 일이려니와 이를 강요하면 稅貢物品 조달에도 적지 않은 불편을 줌으로써 결과적으로 국가 세입 결손을 가져올 우려도 없지 않았으므로 同 15년 정월 을묘에 收贖時를 제외한 기타 매매에서 포화 사용을 허용함으로써 외방에 대한 저화 전용령은 폐기되고 말았다.[89] 이와 같이 거의 저화 유통권 외에 있었던 외방은 京中 혹은 開京 정도에서의 저화 유통을 위해서 稅貢에 憑藉한 다액의 저화 수요와 소비를 강요당했던 것이다.

　　이제 외방에서의 포화 사용 허용으로 저화 전용은 京中에만 적용하게 되었고, 그것도 斗升 이상의 매매에만 통용하게 됨으로써 당초의 저화전용제는 대폭 후퇴하였다. 경중에서 斗升 以上 價物 매매 시의 저화 전용 규정도 실제로는 그리 이행되지 않았던 것 같으며 당국의 단속도 점차 해이해져 묵인함과 다름없이 된 듯하

---

87) 『太宗實錄』 권28, 태종 14년 12월 무술.
88) 『太宗實錄』 권29, 태종 15년 정월 정사.
89) 『太宗實錄』 권29, 태종 15년 정월 을묘.

니 실록 同 15년 4월 병자조에

>   若布帛稅古所未有 且旣征商賈 又取稅錢 是二次取之 又況遠方軍
>   卒資布買米 以度日者多 民必苦之[90]

라 하여 포화로 매매—포화 중 최하품인 常五升布(麤布)價도 米 1
斗이상임—가 공공연히 행하여졌음을 보여 주고 있다. 이와 같이
저화전용제의 退勢에 반비례하여 저화는 다시 공인됨이나 다름 없
이 화폐로서 그의 통용이 증대되어 간 것이다. 이러한 포화의 화폐
로서의 공적 지위 再回復을 계기로 정부는 同 15년 4월 병자에 着
稅(布帛稅)의 징수를 결정하였다.[91] 이 착세의 신설은 태종이 "用
楮貨則着稅價不可無也"[92]라고 한 바와 같이 저화 興用策으로 취해
진 조치인 것이다.

  착세는 布帛에 과해지는 일종의 物品稅로 포백은 일단 정부의
檢閱 着印을 받은 연후라야 화폐로 통용이 가능하게 되는 것이다.
着印時에 포백의 소유주는 그 布價의 30분의 1 상당액을 저화로
납입하도록 한 것[93]이다. 그런데 綿布 1필 미만의 포가 착세는 저
화로 징수하기가 불가능하므로 紙張으로 代收했었던 것인데, 이
지장으로 대수하는 불편을 덜기 위해서 細額卷 동전 발행이 필요
하다는 의견이 대두[94]하였다. 이러한 동전의 발행은 착세 징수에

---

90) 『太宗實錄』 권29, 태종 15년 4월 병자.
91) 『太宗實錄』 권29, 태종 15년 4월 병자.
92) 『太宗實錄』 권29, 태종 15년 6월 임오.
93) 『太宗實錄』 권29, 태종 15년 3월 병오 ; 권29, 태종 15년 5월 임술.
94) 『太宗實錄』 권29, 태종 15년 5월 임술, "傳旨曰 前日朝啓 予欲行三十
    稅一之法 …… 柳思訥啓曰 價盈匹數之物 則其稅固以楮貨取之 不盈一
    匹之物 則以紙張取之 甚爲不便 請鑄銅錢頒行".

만 편리할 뿐 아니라 저화 1장 미만의 일반 물품매매에도 편의하다는 견지에서 갑작스럽게 鑄造議가 구체화되어 同 15년 6월 신사에는

今國家旣用楮貨 以革前朝布幣之用 民受其利 然其用使之際有所未盡 乞依唐開元五銖錢制 鑄朝鮮通寶與楮貨兼行 以銅一兩鑄成十錢 以百錢當楮貨一張 流行境內 以便國用 以濟斯民[95]

이라는 호조 上啓에 따라서 唐의 開元五銖錢(開元通寶)에 준한, ‘朝鮮通寶’ 주조가 確定되고 이어 銅材의 수집을 지시하였고 錢幣興用條目에서 동전 頒布 방안까지 作定하는 등[96] 동전 발행이 사뭇 실현되는 듯이 보였다. 그러더니 鑄造業이 막 시작되려 하던 무렵 同月 병술에 갑자기 鑄錢을 停罷하고 말았다.[97]

당초 동전 발행이 논의될 때 이견이 분분하여 결정되지 못하였고 특히 判書·代言 등이 錢楮 겸용이 불가능하다고 의견을 개진하며 극력 동전 발행을 반대함에도 불구하고, “錢楮之兼用 吾能爲之”라 하여 동전 발행에 대한 단호한 자신을 표명한 태종이고 보면[98] 停罷에 이르기까지에는 불가피한 사정이 그 사이에 介在되었을 것이 짐작된다. 그 사정이란 무엇이었을까? 동전 발행에 대한 반대론자의 이유는 모두 동전이 발행되면, “必致錢重幣輕 民益不用”하게[99] 되리라는 점이었으니 이와 같은 豫見은

---

95)『太宗實錄』권29, 태종 15년 6월 신사.
96)『太宗實錄』권29, 태종 15년 6월 임오.
97)『太宗實錄』권29, 태종 15년 6월 병술.
98)『太宗實錄』권29, 태종 15년 6월 임오.
99)『太宗實錄』권29, 태종 15년 5월 임술.

　　愚民曲生疑意　將以楮貨爲無用　市中貿易倍數而用　甚非後日長久
之計　主掌官將上項事意　掛傍通曉[100]

란 교지가 발해진 바와 같이 마치 동전이 발행되기도 전에 적중,
실제화하여 저화가의 폭락을 가져왔고

　　今聞　欲行錢　則國家雖欲兼行楮貨　民心搖動　貧民將楮貨買米而終
不得米　因此朝不及夕者必有之[101]

란 司諫院 상소에서 지적된 바와 같이 저화로 미곡을 교환하는 것
이 불가능하게 됨으로써 빈민의 곤궁을 더하게 할 우려마저 있었
던 것이다. 이와 같은 사태는 동전 발행 후의 사태를 능히 예견하
게 하는 것이었다. 애당초 동전 발행이 저화 興用을 위해 계획된
것이었는데, 동전 발행으로 오히려 저화를 무용지물로 만드는 결
과를 초래한다면 아예 동전 발행을 파기함과 같지 못했던 것이다.
　이와 같이 하여 모처럼의 동전 발행 계획은 폐기되고, 저화제를
다시 속행하게 되는데 동전 발행이 계획됐던 그 해 15년과 그리고
翌 16년 연이어 大旱災와 한재에 뒤이은 尤甚한 기근이 계기가 되
었다. 앞서 언급한 諸種 稅貢 중 많은 세목이 종전에 없던 新稅였
던만큼 민간 부담을 증가시켰으며 저화의 貿買 대납 등은 그 부담
을 더욱 과중하게 하였다. 이같이 민간의 과중한 부담 위에서 실시
된 稅貢楮貨였으므로 평상시라도 순탄한 시행을 기하기란 어려운
일이었다. 예컨대

---

100)『太宗實錄』권29, 태종 15년 6월 임오.
101)『太宗實錄』권29, 태종 15년 6월 병술.

先是 令漢城府 凡大小工匠商賈記名成籍 每至月季徵稅楮貨各一
張 以爲恒規 閭里巷市皆輟業逃遁 窮困已甚 至是乃停此法[102]

이란 실록 기사와 같이 重稅 부과로 말미암은 商賈·工匠의 도망
으로 撤市와 다름없는 사태가 야기되었으므로 과세를 중단하지 않
을 수 없었다. 또한 실록에

權免西北面各郡今年歲貢楮貨 盖因量田多所供費 從都巡問使之報
也[103]

이라 보임과 같이 民力 휴양을 위해 일시적인 稅貢 면제를 실행해
야만 했던 것이다.

태종 15(乙未)·16(丙申) 兩年에 大旱災가 잇달아 일어나고 한
재에 뒤이은 尤甚한 기근 도래는 弭災賑恤策 강구를 불가피하게
하였다. 同 15년 6월 임오의 家基稅 면제를 비롯하여 歲貢楮貨·烟
戶楮貨·戶楮貨·工匠商賈稅 감면, 所耕 2결 미만의 外方革去寺社
奴婢身貢楮貨의 포화로의 대납을 잇달아 실시하는 한편 楮貨事犯
法人의 가산을 환급하는 등 민간 부담을 경감하는 조치를 취하였
다.[104]

---

102)『太宗實錄』권21, 태종 11년 5월 계유.

103)『太宗實錄』권25, 태종 13년 5월 무자.

104) 각종 감면조치 중 우선 家基稅에 대하여는『太宗實錄』권29, 태종 15
    년 6월 임오조에 보이며, 歲貢楮貨는『太宗實錄』권30, 태종 15년 7월
    기유 ; 권31, 태종 16년 5월 신해 ; 권32, 태종 16년 8월 신사조에, 戶楮
    貨는『太宗實錄』권31, 태종 16년 3월 신축조에, 工匠稅는『太宗實錄』
    권31, 태종 16년 5월 신해조에, 商賈稅는『太宗實錄』권31, 태종 16년
    6월 임술조에 각각 기재하여 있다. 外方革去寺社奴婢身貢楮貨를 포화
    로 代收한 것은『太宗實錄』권31, 태종 16년 5월 신해조에 보이며, 楮

이와 같은 여러 조치는 저화의 대정부 거래를 대폭 감축하게 함으로써 민간의 저화 유통을 더욱 정체시켰을 것으로 짐작된다. 따라서 저화가의 하락도 예상될 수 있는데, 同 15년 6월경의 저화가는 1張＝米2升에 불과하였다.105) 兩年의 兇災 후로 저화가는 좀체 상승되지 않았고 세종 원년 8월경에는 1張＝米3升이었고106) 同 3년(1421) 4월경에는 1張＝米2升으로 다시 하락하였다.107)

이러한 저화가 低落에 더하여 同 4년에는 夏節로부터의 陰雨가 겹쳐 雨後의 久旱으로 早穀·秋穀이 모두 不稔하여 거의 8도전역이 기근에 허덕였던 大兇荒이 도래함으로로써 米價가 앙등되었다. 이 때에도 진휼책의 一端으로 戶楮貨가 면제되었는데108) 기타 세목에 대한 감면조치가 취해졌을 것으로 생각된다. 저화가도 同年 7월경에는 1張＝米 1升으로 하락하였다.109) 그리하여 실록 同 4년 10월 정유조 기사에

時商賈皆不用楮貨 皆以米布買賣 物價踊貴 楮貨甚賤110)

이라 하였음과 같이 저화는 통용되지 않게 되고 米布의 사용이 일반화되었다. 저화는 더욱 천해질 수밖에 없었으며 同年 말의 저화가는 3張＝米 1升으로 폭락되었다.111)

貨事 犯法人 家産還給事는『太宗實錄』권29, 태종 15년 3월 경인 ; 권 31, 태종 16년 5월 기유조에 각각 보인다.
105)『太宗實錄』권39, 태종 15년 6월 병술.
106)『世宗實錄』권5, 세종 원년 8월 갑술.
107)『世宗實錄』권11, 세종 3년 4월 무술.
108)『世宗實錄』권17, 세종 4년 8월 을유.
109)『世宗實錄』권16, 세종 4년 7월 임술.
110)『世宗實錄』권18, 세종 4년 10월 정유.
111)『世宗實錄』권18, 세종 4년 12월 병술.

이와 같은 저화제의 위기를 정부는 강력 手沒에 의해서 타개해
보려고 하였다.112) 그러나 그 결과는

先是楮貨日賤 其價至升米三張 故不用楮貨 以他物貿易者籍其家
然犯罪者皆外方飢寒之人 富商大賈無罹罪者 楮貨之賤無異於前 故
用錢之論自此而起113)

란 실록 기사에서와 같이 貧寒人의 罹罪者만을 낼 뿐이었고 저화
가 賤物인 사실에는 조금도 변함이 없었다. 그리하여 저화를 대신
할 동전 발행론이 다시 대두하기에 이르렀다. 실록 同年 12월 정해
조에

本國舊用布幣 …… 乃立楮貨之法 至此官民皆無所利 欲罷之 以
太宗成憲不敢遽改114)

라 하였는데, 저화제 혁파를 官民이 모두 희망하는 바이나 오직 태
종의 成憲이므로 갑자기 단행하지 못한다는 것이니 이제 정부는
저화제의 계속을 단념한 것이나 다름이 없게 된 것이다.
  翌 5년 春節은 전년 이상의 대기근이 닥쳐와서 저화 유통이 더
욱 어렵게 되었으므로 실록 同年 정월 무술조에

上曰 …… 楮幣之法雖不可革 當此歲凶 民間貿易姑聽其便 命下

---

112)『世宗實錄』 권18, 세종 4년 10월 정유, "(領議政府事)(柳)廷顯等坐京
     市署 令曰 不用楮貨 敢以他物買賣者 從重科斷 潛使人察市肆 用他物
     者輒捕之 懸于署門以示之 然民多犯之 從延顯之請也".
113)『世宗實錄』 권18, 세종 4년 12월 병술.
114)『世宗實錄』 권18, 세종 4년 12월 정해.

民大悅[115]

이라 있는 것처럼 저화 전용을 歲凶間에 한해 잠시 중지하기로 하였으니 민간의 기쁨이 대단했던 것이다. 포화 雜物로의 교역 공인은 세흉 간에 한한 잠정적인 조치였으나 전년 말로부터 대두된 동전 發行議가 同年 9월 갑오에 의결되어,[116] 정부는 동전 주조에 골몰하게 되었고 司署瞻提調가

> 楮貨本非民樂用之物 今因銅錢兼用之令 楮貨尤不行用 宜當速頒
> 銅錢 以定民志[117]

이라 上啓한 바와 같이 그 후로 저화 유통은 거의 끊기고 말았으며 일반적으로 포화가 사용되기에 이른 것이다.

3. 銅錢制로의 轉換

태종 말년의 連年의 大旱魃을 계기로 저화가 하락과 저화 不興用의 경향이 한층 더해짐으로써 저화로의 物貨 교환이 거의 불가능하게 되자 세종 4년 10월경부터 동전 발행 논의가 대두되었다. 그러나 廷臣 간에는 用布用楮・用錢論 등 그 주장하는 바가 각기 상이하여 쉽사리 귀결을 보지 못하다가 翌 5년 9월 갑오에야 비로소 동전 발행을 의결하게 되었다. 실록에 다음과 같이 보인다.

---

115)『世宗實錄』권19, 세종 5년 정월 무술.
116)『世宗實錄』권21, 세종 5년 9월 갑오.
117)『世宗實錄』권28, 세종 6년 7월 기해.

議鑄銅錢 初造楮貨 一張直米一斗 三十張直木緜一匹 至是楮貨甚賤 一張一升百餘張一匹 乃會政府六曹 議鑄錢與楮貨通行 於是戶曹啓 銅錢乃中國歷代所用 請以唐開元錢爲準 積十錢重一兩 文曰朝鮮通寶 民納銅一斤者例給錢一百六十文 令司贍署掌之 私鑄者依律科罪 從之[118]

즉 동전의 규격은 唐 開元通寶에 준하되 錢文은 '朝鮮通寶'라 하고 司贍署로 하여금 鑄錢業을 관장하도록 하였다. 이로부터 銅材 확보에 주력하는 한편 전라·경상 兩左右道 4개 처에 鑄錢所를 설치하고 別監을 분견하여 役事를 督察하게 하는 등[119] 주전을 재촉하였다. 그리하여 同 6년 6월 병신에는 주전 20貫이 첫 上進되고 同年 7월까지 불과 4,170貫이 鑄成되었다.[120] 鑄錢役의 진척이 지지부진하므로 다시 京中 軍器監에 주전소 한 곳을 더 세움과 동시에 各所 爐冶를 증설하고 鑄錢匠을 대폭 증원하였으며 아울러 장인의 일과 수량을 책정함으로써 조속한 錢量 증대를 도모하고 品銅 京外官衙銅器 수집, 收贖·稅納 등의 동으로의 징수와 銅鑛 개발을 더욱 강화하였다. 이로부터 주전량은 급속히 증대하여 同 7년 정월 무자에는 12,537관에 달했으므로 "更擇吉日行用"하기로 작정하고[121] 濟用監 100관, 內資內禮賓寺 仁壽仁順府에 각 10관, 각 도와 留後司에 각 100관을 分送하였다.[122] 同年 2월 무신에는 다음과 같은 不用銅錢者 糾察條件이 공포되었다.

---

118) 『世宗實錄』 권21, 세종 5년 9월 갑오.
119) 『世宗實錄』 권22, 세종 6년 2월 임신.
120) 『世宗實錄』 권26, 세종 6년 7월 기해.
121) 『世宗實錄』 권27, 세종 7년 정월 무자.
122) 『世宗實錄』 권27, 세종 7년 정월 무자.

銅錢依已曾受敎與楮貨兼用 其不用銅錢者 糾察條件具錄如左
一. 富商大賈諸色工匠輕慢國法 米豆布貨互相貿易 不用銅錢者 以
    所犯輕重 重者典刑廣示 輕者杖一百身充水軍家産沒官 有能告
    捕者 將犯人家産一半充賞
一. 有托以銅錢輕重及錢面不鍊字畫不明 多般揀擇者 以王旨不從
    論
一. 京中五部以五家爲比 諸色工匠之家及雜物買賣者 不用楮貨銅
    錢 潛以米布私相貿易 隨卽捕告 其匿不現告比隣人並坐 有能
    捕告者 將犯人家産一半充賞 升斗以下米豆貿易不在此限
一. 漢城府留後司京市署 上項犯人窮推 買者賣者並皆論罪 其不用
    心奉行者 令司憲府糾理 以王旨不從論[123]

이 규찰 조건의 각 규정은 錢楮 겸용을 규정한 것 외에는 태종 시의 저화제 법규와 거의 같은 내용의 것임을 알겠거니와 여기서 도 동전 사용대상을 계층상으로는 商賈·工匠에게, 지역으로는 京 中과 留後司에 주력하고 있다. 이 규찰 조건이 공포되고 얼마 후 同月 무오를 기해서

　　始用銅錢[124]

하게 되었다. 저화와 동전의 比價는 1대2로 책정했던 것 같으며[125] 布米와 동전과의 折價는 확실치 않다. 동전과 저화의 겸용을 규정

---

123) 『世宗實錄』 권27, 세종 7년 2월 무신.
124) 『世宗實錄』 권27, 세종 7년 2월 무오.
125) 『世宗實錄』 권27, 세종 7년 3월 기묘조의 "前此犯罪收贖之法 笞一十
    楮貨六張 每一十加六張 杖一百六十張 …… 今則笞一十銅錢一百五十
    文楮貨七十五張 杖一百銅錢一千五百文楮貨七百五十張"이란 收贖價에
    서 추정한 것이다.

하였으나 동전 발행 후로 저화는 전혀 통용되지 않으므로 同年 4월 계축에

今依甲辰年(세종 6년 : 필자주)十一月日受敎 楮貨銅錢兼用 然民心未安 請除兼用楮貨專用錢文 其錢價高下一從民間時直 敢以雜物私相貿者 依曾降敎旨一切禁止 民間散在楮貨 以銅錢一千貫換收納官 楮貨一張准錢一文[126]

이란 호조 上啓에 의거하여 저화를 폐기하고 1張＝1文의 환율로 동전과 교환하기로 하고 錢價는 민간 시가에 따르기로 하였다. 實質價에 있어 우위인 동전과 이미 동전 발행 전부터 그 유통이 정지되다시피 된 저화와의 겸용은

前日議設錢幣之時 立兼用之法 予於其時灼知不可兼用也 然於未鑄錢頒行之前 不用楮貨則民益厭之 故姑立兼用之法[127]

이란 王旨에서와 같이 실질적으로는 거의 불가능하리라는 예측을 정부 당국도 가지고 있었던 것이다. 이에 錢楮兼用制는 폐기되고 동전 전용으로 바뀌었으나 실록 同年 5월 정축조에

時錢文已行於市 而民不樂用 米一升直錢三文 錢價日賤 上軫慮命代言司 召富居人訪問民間錢文行用便否 富居人等皆曰 每錢一文准米一升 則錢價不賤矣[128]

---

126)『世宗實錄』권28, 세종 7년 4월 계축.
127)『世宗實錄』권28, 세종 7년 4월 계축.
128)『世宗實錄』권28, 세종 7년 5월 정축.

라고 전함과 같이 민간에서는 동전 사용을 기피하므로 錢價는 날
로 하락하여 3文＝米 1升에 이르렀다. 이 실록 기사에서 "錢價日
賤"이라 한 것을 보면 정부가 앞서 "除兼用楮貨專用錢文 其錢高下
一從民間時直"이라 결정한 것은 錢價를 米 1升에 3文 이상으로 기
대한 위에서의 결정임이 분명하다. 그리고 '富居人'이란 어떤 부류
의 사람을 말하는 것인지 명백하지 않으며 또 그 富居人이 제시한
錢價란 어디에 근거하여 산출된 것인지도 알 수 없다. 同月 무인의
실록 기사에는 다음과 같이 보인다.

> 恭議錢幣興用之策 僉曰 一從民願 每一錢准米一升施行 於是戶曹
> 啓 錢價請自今從民願 每一錢直米一升買賣 違者依律科罪 其他物價
> 亦令准此加減買賣 ⋯⋯ 從之[129]

즉 민원(부거인)에 의거해서 전가를 1文＝1升으로 折定하며 미곡
외의 물가도 이에 준하여 매매되어야 하고, 위반자는 처벌한다는
것이다. "一從民間時直"한다던 정부가 一變하여 官價를 설정하고
그 준수를 요구하게 된 것은 民願에서라기보다도 民願을 빙자하여
정부가 내심 기대했던 錢價를 법정화함으로써 법적인 강제에 의해
서 전가 하락을 억제하고자 한 것에 불과하다고 생각된다.
　동전 주조라는 자극에 의해 동전 개발이 적극화되었으나 그 산
출량은 극히 미미했으며, 따라서 국내 銅 수요량의 대부분은 일본
에서 수입되었다.[130] 그러므로 국내의 동 시가는 일본으로부터의

---

129)『世宗實錄』권28, 세종 7년 5월 무인.
130)『世宗實錄』권36, 세종 9년 5월 경술조에 "慶尙道採訪別監白環啓 自
　　二月至四月役軍人百名採銅二百三觔"이라 보이는 바와 같이 3개월 간
　　의 採銅量이 300觔(斤)에 불과하였다. 이렇게 국내 채동량이 미미했음
　　에 비해서『世宗實錄』권39, 세종 10년 정월 무신조에 "戶曹據慶尙道

수입가에 의거해서 형성되었을 것은 자명하다. 세종대에 일본으로
부터의 동 수입가는 대략 공무역・銅 10斤＝紬 1필, 사무역・銅 5
斤＝紬 1필이었던 모양이다.131) 그리고 분류의 比價는 正布 2필＝
綿布 1필＝綿紬 1필이었고 布와 米의 시중 시가는 正布 1필＝米
5・6升이었다.132) 布米의 시가에 기준하여 계산하면 공무역에서
의―동전발행 후 銅材의 사무역은 금지되었다133)―수입 동가는 銅
1斤＝米 15升 내지 18升이 된다. 따라서 동전의 실질가는 錢 9.7文
＝米 1升으로 산출된다(銅 1斤으로 錢 130文을 鑄成하였음). 錢 1
文, 米 1升이란 官價는 위에 산출된 실질가와 비교할 때 명목가와
의 사이에 현격한 乖離가 있음을 쉽게 알 수 있다. 명목가치와 실
질가치 挾差가 현저한 동전은 저화와 다름없는 명목화폐인 것이
다.

  명목화폐인 이상 정부의 동전에 대한 가격보증이 필요하다. 그
러나 동전의 官價 설정 전에도 그랬지만 그 후에도 이에 대해서는

　　監司關啓 日本左衛門大郞平滿景宗金 使送人私資銅鐵二萬八千斤 來泊
　　乃而富山二浦"이라 있듯이 倭使의 資持 1회의 銅量이 2만8천근이란
　　다량이었으며『世宗實錄』권31, 세종 8년 2월 갑인에 호조는 "銅鐵買
　　於倭人 固非永久之計"라고 하여 銅材의 공급이 주로 일본에 의해서
　　이루어졌던 것임을 말하고 있다.
131)『世宗實錄』권39, 세종 10년 정월 무신조에 의하면 倭人 資來 銅鐵 2
　　만8천 근을 縣紬 2천8백 필로서 무역하게 하였으며,『世宗實錄』권
　　119, 세종 30년 3월 정유조에 "倭(使)答曰 …… 然前此公貿易 一匹紬
　　銅鐵至十斤 私貿易則或五六斤"이라 있어 公貿易 紬布 1匹＝銅 10斤,
　　私貿易 紬 1匹＝銅 5・6斤이었음을 알 수 있다.
132)『世宗實錄』권75, 세종 18년 윤6월 갑신.
133)『世宗實錄』권37, 세종 9년 8월 계미, "慶尙道監司推問和買倭客銅鐵
　　人以啓 上曰 私買銅鐵有禁乎 禮曹判書申商曰 自鑄錢之後 爲國用有
　　禁".

거의 아무런 대책도 세워지지 않았다. 그러므로 동전가에 대한 보증은 중벌을 규정한 법 조문뿐이었다.

同年 6월 기유에는 京市署提調로 하여금 不用者를, '直行囚禁'하고 '廣示警衆'하게 하는 강경책을 쓰기로 되어[134] 저화 行用時로부터 화폐제 강행론자인 領敦寧 柳廷顯이 경시서 제조로 앉아 위법자에 대한 苛責 없는 단속을 실시하였다. 이때에는 종전에 허용되어오던 斗升以下의 雜物 사용도 폐지하고 일체의 매매에 동전을 전용하게 하였다.[135] 그러나 그와 같은 강경한 단속은 갖가지 비극을 자아내어 民怨을 더할 뿐이었다. 그간의 실정을 실록은 다음과 같이 전한다.

時領敦寧柳廷顯以京市提調坐于市肆 小有不用錢文者 雖犯一二升嚴刑酷罰籍沒家産 負薪賣菜以資朝夕者甚苦寃之 …… 廣興倉里人以斗米買賣見執 杖一百身充水軍籍沒家産 男女小兒數日登城上松間痛哭不已 又有一人犯令受罪充水軍死於中道 其妻聞之自縊于南山松間 人皆痛之[136]

錢價의 官價 折定이나 不用者에 대한 엄벌에도 불구하고 동전은 興用되지 않을 뿐더러 전가는 계속 하락하여 동전 발행 초에 1필 2백여 문하던 綿布는 同年 6월에는 3·4백文으로 앙등하는 등 물가는 상승일로였다.[137] 게다가 20年來의 大旱魃이라고 불리던 同年 4월로부터의 久旱은 그와 같은 강경책을 오래 계속할 수 없게 하였다. 그리하여 同年 6월 갑인에

---

134) 『世宗實錄』 권28, 세종 7년 6월 기유.
135) 『世宗實錄』 권28, 세종 7년 6월 기유.
136) 『世宗實錄』 권28, 세종 7년 6월 갑인.
137) 『世宗實錄』 권28, 세종 7년 6월 갑인.

前者爾曹以錢一文准米一升 其他物價推移加減買賣已受敎旨 然物
價隨時貴賤各異　而一槩定價實爲未便　其錢價米布雜物一從民間時
直[138]

이라 호조에 傳旨하여 官價의 折定을 철회하였고 이어 同月 을묘
에는

不用錢文 潛以米布雜物私相買賣者 一皆禁止 其斗升以下 不在此
限[139]

이라 下敎하여 斗升以下에 雜物 사용을 다시 허용하기로 환원하였
다. 이 잡물 사용은 그해 말 秋成까지 잠정적으로 허용된 것이었으
나 同年 8월 임신에

停自九月初一日　用斗升以下米穀雜物貿易禁止之令[140]

이라 下敎하여 무기한 연장되었다.
　官價의 철폐, 斗升以下 잡물 사용의 허용 등에 뒤이어 정부는 동
전으로의 각종 수납책을 강구하였다. 수납 종목은 同年 6월 임자의
各司奴婢餘貢의 동전으로의 대납결정을 필두로 하여[141] 同年 8월
병술에는 工匠稅・行商稅・坐賈稅(商賈稅)・行廊稅 등 諸稅와 新
參馬價[142] 그리고 同 8년 정월 갑인에는 逃亡奴婢役價[143] 등의 동

---

138) 『世宗實錄』 권28, 세종 7년 6월 갑인.
139) 『世宗實錄』 권28, 세종 7년 6월 을묘.
140) 『世宗實錄』 권29, 세종 7년 8월 임진.
141) 『世宗實錄』 권28, 세종 7년 6월 임자.
142) 『世宗實錄』 권29, 세종 7년 8월 병술.

전으로의 대납이 결정되었다. 이 외에 同王 9년 이전에 실시된 것
이 분명하나 시일이 확실치 않은 巫女業中餘貢과 雇工錢(補充軍・
其人・別軍・都府外・助役奴子 등의 不供日役者에게서의 徵
錢[144]) 등이 있었다. 이 수납 종목에서 그 종목의 미미함은 물론이
고 一督하여 동전으로의 납입이 부과된 신분층은 모두 公奴婢・工
匠・商賈 등을 비롯하여 巫女・補充軍 등 극히 하층계급이라는 것
과 특히 稅納에 있어서는 工匠・商賈・公奴婢・巫女에게 極限되
어 있음을 알 것이다. 그리고 이들 세납 종목은 태종조 저화제 때
의 세납 종목 중 일부를 답습한 것이므로 동전 납입액은 저화 1張
＝동전 40文, 동전 4文＝米 1升으로 환산 책정하고 있다.[145]

그런데 저화제 시행 시의 세납 종목 중 前記 동전으로의 징세
종목으로 채택되지 않은 세목 중 주목되는 것은 歲貢楮貨・戶楮貨
・各田稅楮貨 등이다. 이들 세목은 모두 외방 민의 부담인데 이것
의 제외는 민간의 用錢 기회를 그만큼 감축하게 한 것이니, 이는
정부의 동전 興用方計와는 부합되지 않는 처사이다. 이같은 모순
되는 정부 시책은 동전 부족에 기인한 것이라고 생각된다. 동전으
로 수납이 결정된 세목 중에서 가장 많은 동전 양이 소요됐을 것
으로 생각되는 것은 各司 奴婢餘貢이다. 餘貢錢額은 奴 1口에 100
文, 婢 1口에 50文이었고 태종 17년 6월 현재의 各司 노비 수는 奴
59,545口, 婢 60,017口로 총계 119,603口였다.[146] 그 후의 증가를 가

---

143) 『世宗實錄』 권31, 세종 8년 정월 갑인.
144) 『世宗實錄』 권30, 세종 7년 12월 을해 ; 권38, 세종 9년 12월 정묘.
145) 『世宗實錄』 권29, 세종 7년 8월 병술조에 "請以一張准一斗 每米一升
     直錢四文"이라 하여 錢 4文＝米 1升으로 折定하고 있다.
146) 各司奴婢餘貢錢額은 『世宗實錄』 권28, 세종 7년 임자조 기사에 의하
     면 奴 1口 1百方 婢 1口 50文이다. 노비의 총수는 『太宗實錄』 권33,
     태종 17년 3월 정해조에 보인다.

산하지 않는다 하더라도 이들 약 12만口의 노비가 餘貢錢 납입에 소요하는 동전 양은 약 9천 관에 달한다. 물론 年老·年少選上 雜故 奴婢의 身貢은 제외된다 하더라도 그 액은 결코 수천 관에 미치지 못하는 것으로 추측된다. 이같은 多額의 동전 수납이 가능하려면 그에 상응한 발행량의 충족이 전제된다. 그런데 同 7년 4월경의 발행량은 3·4천 관 정도였고 同年 7월경에도 “官出錢數千貫 豈其多哉”란 실록 기사와 같이 그의 증가는 미미하였고 同 9년 정월이래야 “民間施用 纔一萬餘貫”147)에 불과하였다. 이러한 소량의 발행량으로는 奴婢餘貢錢의 수요에 응할 수 없었다. 그러므로 各司奴婢餘貢錢의 징수는 실제로는 실행에 옮겨지지 못했던 것으로 추측되며 설혹 징수가 강요되었다고 하더라도 그 성과는 별로 없었을 것으로 추정된다. 실록 同 14년 6월 임신조에

　　戶曹啓 各司奴婢之貢 請以錢收納 上曰 奴婢多而銅錢少 督納所無之物 不亦難乎 更議以啓148)

라 보여 위의 추측을 뒷받침해 주고 있다. 이와 같이 各司奴婢餘貢마저 잘 실행되지 않았다면 외방 민의 거의 전부는 동전으로의 대정부 거래에서 제외되었던 것임을 의미한다. 동전의 부족은 各司奴婢餘貢의 수납을 여의치 않게 했을 뿐 아니라 工匠·商賈·行廊·巫女業中 등 세의 수납도 여의치 않았다. 예컨대 同 7년 12월 을

---

147)『世宗實錄』권28, 세종 7년 4월 계축, “戶曹參判睦進恭曰 今頒布錢文
　　三千貫也”; 권29, 세종 7년 7월 을유, “上曰 卿言是矣 然官出錢數千貫
　　豈其多哉 欲民之樂用而使錢文貴 則不可也”; 권35, 세종 9년 정월 병
　　신, “司諫院左正言 成自諒等上疏曰 …… 已鑄四萬貫而民間施用纔一萬
　　餘貫 尙且民不樂用”.
148)『世宗實錄』권56, 세종 14년 6월 임진.

해에

今受敎工匠商賈稅市廛稅(行廊稅 : 필자주)各司奴婢巫女業中餘貢
及新參馬價錢 來丙午(8年)年爲限減半收納[149]

이라고 호조에 傳旨하여 반감 수납하도록 하고 있는 것이다. 이어
同月 병자에는 家舍・奴婢・馬匹・金銀珠玉 등 고물가의 10관 이
상 餘價에는 雜物 사용을 허용하기에 이르렀다. 실록에 다음과 같
이 보인다.

戶曹啓 新鑄錢文頒布未廣 若民間價値重之物全用錢文 則未易買
賣 請限錢文周足 如家舍奴婢馬匹金銀珠玉等項 價重物色買賣 用錢
十貫 外餘價並許兼用雜物 若以家換家以馬換馬等買賣餘價 未滿十
貫則並用錢文 違者依律論罪 從之[150]

이와 같이 동전발행량은 극히 부족한데도 불구하고 동전가는 하
락 일로에 있었다. 동전으로서의 收稅策을 강구하던 무렵인 同年 7
월경의 시가는 6・7升綿布 1필＝錢 6・700文이란 賤價를 示現하였
었다.[151] 錢價의 하락은 물가를 등귀하게 하고 그것은 동전 부족을
더욱 심각하게 하는 것이다.

그런데 錢價의 하락이 錢量의 과다에서가 아니라 전량 부족이란
상황에서의 현상이므로 물가 등귀에 따라서 동전 발행량을 증가시
킨다면 오히려 더욱 錢價 하락과 물가의 등귀를 부채질할 뿐인 것
이다. 이러한 궁지에서 전가의 하락을 방지하고자 案出된 것이 바

---

149) 『世宗實錄』 권30, 세종 7년 12월 을해.
150) 『世宗實錄』 권30, 세종 7년 12월 병자.
151) 『世宗實錄』 권29, 세종 7년 7월 을유.

로 收稅에 의한 동전 회수책이었다고 생각되는데 그것도 동전 부
족으로 그 실행이 어려웠으며 또한 하층민의 부담을 전제한 收稅
이므로 水旱災 기근 시에는 그 감면이 불가피하였으니 始終一貫
繼續的인 실시가 어려웠다. 발행량은 부족하고 가치는 하락 일로
인 동전의 사용을 민간이 기피함도 당연한 귀결이라 할 것이며 더
구나 정부에 의한 가격 보증책이 거의 전무한 형편에서 그 興用을
기대할 수는 없는 일이다. 同 8년 2월 경인 大提學 卞季良은 錢貨
유통 실정을 다음과 같이 상소하고 있다.

今立錢幣之法 本爲便於民用也 然行法過條 實有可疑者焉 生民所
需不可一日而無食 比因年險民艱於食 又倍於前 今乃使民凡所貿易
必以錢幣 雖然民狃舊習不喜用錢 買賣之際不償所願 各將所有潛相
貿易 以犯官禁者比比有之 夫一家之人或一二或三四以至五七 今以
一人犯禁之故 籍沒其産 一家之人皆至於饑 此其未便者[152]

즉 동전으로는 所願物品을 매매할 수 없었으며 따라서 잡물로의
무역이 성행되지 않을 수 없었고 다수 범법자에 대한 酷罰을 造成
할 뿐이었던 것이다. 동전사용으로 말미암은 民怨 누적이, "火炎未
息 盜賊未弭"의 원인이라 느껴지게 되었다.[153] 그리하여 마침내 同
月 경인에

用雜物貿易者 姑宜勿問[154]

이라고 京市署에 하명하여 잡물 사용을 허용하기에 이르고 同年 4

---

152)『世宗實錄』권31, 세종 8년 2월 경인.
153)『世宗實錄』권31, 세종 8년 2월 경인.
154)『世宗實錄』권31, 세종 8년 2월 경인.

월 임오에는 "家産沒官"의 중형을 면제하고 이후로는 大明律에 준거하여 杖罪로 다스리기로 형량을 대폭 경감하였다.[155] 잡물 사용 허가는 잠정적인 조치였으나 그 후 同 27년에 저화제 復行에 이르기까지 동전 전용으로는 다시 환원하지 않았다.[156] 동전이 발행된 지 꼭 1년 만에 잡물(포화 포함) 사용을 허용함으로써 동전 전용책은 종지부를 찍은 셈이요 정부의 새로운 화폐정책으로의 일대 전환점을 그은 것이었다.

잡물 사용을 허용한 후 정부는 정부 저장 物貨의 和賣를 통한 錢價의 보증책을 강구함으로써 동전 유통을 도모하려 하였다. 예컨대 실록 同 8년 11월 경인조에

戶曹啓 …… 近年以來 錢文斂散之法未盡 因此物貴而錢賤 民不樂用 自今將各司陳米豆布貨魚藿等物 以時直和賣收錢以便民生 其民間錢貴 則許從民願以雜物納官易錢不過二萬貫 從之[157]

라 있음과 같다. 그러나 錢價의 低昻에 따른 和賣이므로 언제나 동전으로의 무역이 가능한 것도 아니며 또 방매 物貨量도 제한될 수밖에 없는 것인 즉 그 실효를 보기란 어려운 일이 아닐 수 없었다. 9년 10월 병인의

---

155) 『世宗實錄』 권36, 세종 8년 4월 임오.
156) 『世宗實錄』 권50, 세종 12년 10월 임오조에 "戶曹啓 …… 請自今斗升以下米穀外 不用銅錢 全用米布者 令京市署禁之 犯者違律論罪 從之"라 하여 일단 雜物 사용을 금한 바 있으나 그로부터 18일 후인 同年 11월 기해에는 다시 잡물 사용을 허용하였다(『世宗實錄』 권50, 세종 12년 11월 기해).
157) 『世宗實錄』 권34, 세종 8년 11월 경인.

　　前日群臣皆謂　楮貨民不樂用　鑄錢頒行則民亦樂用　不如楮貨之無
用也　雖不興用　其價不至如楮貨之賤　予信其言　革楮貨而行錢幣　今
未數年民不樂用　而其爲無用與楮貨無異　予日夜思其興用之術　未得
其道　然以爲國家行和賣之時　錢價稍高民頗用之　和賣盡後錢之不用
又如前日158)

이란 王旨에서와 같이 和賣를 행한다 하더라도 錢價의 상승이나
유통은 잠시 그때뿐이고 和賣가 끝난 후에는 여전히 무용지물로
되었던 것이다. 그래서 세종은 同 9년 정월 병신에

　　今國家倉庫所儲陳穀數多　每月約一百石　依民間時價不絶和賣　十
年則一萬二千石也　行之十年可以觀民情之好惡矣　此雖非良策亦行
錢之一助也159)

라 하여 매월 정부미 100석의 정기적인 방매를 구상하였고 이어

　　豊儲倉軍資監內資內贍寺仁順仁壽府各司陳穀　每月和賣一百石　委
軍資副正安玖　同上頂各司官吏　一依敎旨納錢給穀　人不過一斗160)

란 시행요강이 결정되었다. 이후 매월 100석의 미곡 和賣는 실록
同 13년 3월 경인조에

　　自丙午(세종 8년 : 필자주)每月用軍資陳米一百石和賣　常例也　今
年三千石　別例也161)

---

158)『世宗實錄』권38, 세종 9년 10월 병인.
159)『世宗實錄』권38, 세종 9년 10월 병인.
160)『世宗實錄』권38, 세종 9년 10월 병인.

라고 하였듯이 퍽 오래 계속되었다.

이와 같이 和賣策이 실시된 세종 8년(丙午)은 旱災로 失農이 尤甚하였던 해이며 9·10·11·12년 連 4년간도 한재가 繼起하여 凶荒을 면치 못하였던 것이므로 동전 유통책이란 것 외에 진휼책의 일환이기도 하였으리라고 생각된다. 13년도 전년의 失農에 더하여 夏節에 旱魃이 太甚하여 失農이 예기되었던 관계로 前揭 인용문에 보이는 바와 같이 3천 석이란 異例的인 和賣를 실시하였었다. 그런데 同年 秋의 農況은 대풍이었으므로 곡가의 하락에 더하여 다량의 和賣로 미가가 폭락함으로써162) 진휼의 필요가 없어졌다. 그리고 장기간의 화매책에도 불구하고 錢價는 화매 기간인 同 9년 정월에 錢 7·8文＝米 1升이었고163) 同 11년에는 錢 12·13文＝米 1升이란 賤價였으니164) 화매의 계속도 무의미하게 되었다. 이에 화매책은 그 의의를 상실하게 되었으므로 13년을 마지막으로 중지되었을 것이라 추측되나 확실히 알 수는 없다.165) 전가는 그의 실질적인 錢 9.7文＝米 1升보다 더욱 하락하였다. 뿐만 아니라 동전으로의 매매는 거의 불가능하게 되었다.

不計錢文多少 但從自願和賣 人皆爭先換之 强有力者得之 老弱者

---

161) 『世宗實錄』 권51, 세종 13년 3월 경인.

162) 『世宗實錄』 권52, 세종 13년 5월 을축.

163) 『世宗實錄』 권35, 세종 9년 정월 병신.

164) 『世宗實錄』 권45, 세종 11년 9월 병인.

165) 定期的 和賣策은 『世宗實錄』 권64, 세종 16년 6월 신미조의 "傳旨戶曹 於京中及留後司新舊穀貴之時 聽民自願 給米豆買鑄錢五千斤 於是二千斤令留後司買之 三千斤令軍資監買之 每一斤折米三斗五升 豆則倍給 民間米豆貴爭納之"란 기사에서와 같이 穀價의 貴賤에 따라 간헐적으로 행해지는 종전의 방식으로 환원된 것 같다.

竟日不得一升米 此法雖爲興用錢文而設 然寡婦弱疾者未受其惠 是
可憐也[166]

라는 화매시의 정경은 곧 시중에서의 동전으로의 買穀이 어려웠음
을 표시하는 것이라고 할 것이다. 이러한 錢價 폭락과 用錢路의 두
절은 동전의 활용을 대일본 밀수출과 燒錢鑄器에서 찾게 되는 사
태를 빚어낸다. 동전의 국외 반출은 國禁으로 정해져 있었다.[167]
    그런데 同 11년 4월에 환국한 遣日通信使 朴瑞生은 "對馬島商倭
多以本國錢雜於歷代錢販賣"[168]라고 하여 대마도로의 동전 유출을
보고하고 있다. 동전의 유출은 倭商과 무역하는 商賈에 의함이 대
다수였던 것으로 실록 同 11년 6월 기축조에

    禮曹啓 倭館買賣商賈人等 與通事使令通 同潛賣禁物者頗多 其禁
防條件具錄以聞 …… 今後金銀及彩花席十一升以上苧麻布豹皮銅
錢等物禁斷 …… 從之[169]

라 보이며 同年 4월 무자에는 왜인 왕래처에서의 用錢을 금지한
바 있다.[170] 이러한 동전 유출은 상고의 손을 거쳐서 뿐 아니라 日
本往還使節에 의한 것 같이 이에 대한 금령이 발해진 바도 있
다.[171]

---

166) 『世宗實錄』 권51, 세종 13년 3월 경인.
167) 『世宗實錄』 권44, 세종 11년 6월 기축.
168) 『世宗實錄』 권44, 세종 11년 4월 무자.
169) 『世宗實錄』 권44, 세종 11년 6월 기축.
170) 『世宗實錄』 권44, 세종 11년 4월 무자.
171) 동전의 국외 반출은 통신사 사절 왕래를 통해서도 있었던 모양으로
    『世宗實錄』 권43, 세종 11년 정월 신미조에 "禮曹啓 日本通信使從水
    路累月往還遲速難期 請自今使以下私賚布物許於赴京之行倍數賚去 金

　　이들 금령에도 불구하고 밀수출을 기도하여 참형에 처해진 사례
가 있었던 것으로 보아 유출이 끊이지 않았던 듯하며 同 15년 정
월 기사에는 다시

　　自今將本國銅錢賣與商倭者　依盤詰奸細律處斬　知情不告者與同罪
　不能糾察者　當該官吏依失於盤詰律杖一百　有能捕告者官給綿五十
　匹[172]

이란 엄중한 금령을 내려 단속의 철저를 기하였다.

　　이와 같이 동전의 대일 밀수출이 자행되는 一方에서 燒錢鑄器가
또한 성행하였다. 동전 발행 후로 銅材의 부족을 덜기 위하여 銅器
의 주조 및 매매를 일체 금지하였고 위반자에게는 "杖一百身充水
軍"의 중형을 규정하였고[173] 銅材의 사무역도 금지하였었다. 그러
나 銅器는 생활필수품이었던만큼 민간에의 동재 공급 두절은 鑄器
의 가격을 앙등하게 하였을 것이며 그것은 나아가 동기의 密鑄 密
賣를 조장하였을 것임을 짐작하기 어렵지 않다. 同 11년 정월의 開
城人 姜義 등의 범법을 비롯하여 同 14년 11월 을축의 형조의 上
啓에

　　前比燒錢鑄銅者　依私鑄錢律論罪　新造鑄鐵器皿者　杖一百身充水
　軍　然而無識之徒不畏法令　以一時謀利之計　潛燒錢寶鑄器　又新造鑄
　鐵器皿以無告擧者未能懲之　今金春所告燒錢鑄器崔石伊劉乙夫並置
　極刑　春依例賞給　然犯者相繼[174]

　　銀銅錢花席虎豹皮等物一皆禁斷　監司發差使員　憲府亦遣吏搜檢　從之"
　라 기재하여 있음과 같이 금령이 발해진 바 있다.
172)『世宗實錄』권59, 세종 15년 정월 기사.
173)『世宗實錄』권34, 세종 8년 12월 을축 ; 권58, 세종 14년 11월 을축.

라 한 바와 같이 극형을 적용함에도 불구하고 燒錢鑄器를 암행하
는 자가 끊이지 않았다.

이러한 동전의 대일 밀수출, 燒錢鑄器等事의 성행은 유통 錢量
감축에 크게 영향을 미친 듯하다. 실록 同 15년 1월 임신의

上又曰 …… 今也錢幣至貴 贖罪者有願以布代納者 若增其錢價而
優納之 則人知錢價之重 而錢自興用矣 戶曹判書 安純曰 上敎至當
但恨錢之漸少175)

라는 대담 중에 보이는 바와 같이 收贖에도 동전으로의 납입이 어
렵게 되었다.

이러한 錢饉 상태를 해소하기 위해서 同年 2월 정유에 동전 1만
관을 민간의 金銀布帛 등과 교환할 것을 결정하였다.176) 이 동전和
賣에 민간이 어느 정도 응했을 지 의문이다. 설혹 1만 관의 화매가
이루어졌다 하더라도 그의 興用을 수반하지 않고서는 전철을 되밟
을 뿐일 것이니 同 19년 12월 병인에는

錢之在民間者不多 今京外贖罪悉徵以錢 民不易辦 不無怨咨 今後
京外贖罪者 四分之一許納以布177)

라 傳旨하여 贖錢 4분의 1을 포화로 대납하게 하지 않을 수 없었
다. 同 20년 2월 병인에 왕은 燒錢鑄器, 국외 밀수출의 성행으로
유통 錢量이 발행량의 10분의 1에도 미달하는 상태라 동전의 유통

---

174)『世宗實錄』권58, 세종 14년 11월 을축.
175)『世宗實錄』권59, 세종 15년 1월 임신.
176)『世宗實錄』권59, 세종 15년 2월 정유.
177)『世宗實錄』권79, 세종 19년 12월 병인.

을 더 이상 도모하기 어려움을 말하고

　　水鐵本國之産　且無銷鑄出境之弊　鑄鐵錢以代銅錢　何如[178]

라 정부에 하교하여 동전에 대신할 철전 발행의 의향을 표명하였
다. 철전발행안에 대한 정부 6조의 견해는 대부분 불찬성이었다.
左議政　致仕　孟思誠의

　　銅錢尙不樂用　況鐵錢乎　楮貨尤似難行　宜順民心　復用五綜布[179]

란 의견에서와 같이 五綜(升)布로의 환원을 희망하였다. 이러한 반
대 의견에 왕도 수긍하였음인지 곧 鐵錢發行議는 끝을 맺고 말았
다. 실질가에 있어 하등인 철전이 발행되었다 하더라도 반대 의견
에서 지적한 바와 같이 그 유통은 조금도 기대할 수 없었을 것이
분명하다고 하겠다. 鐵錢發行議가 철회된 이후 同 21년 10월 을유
의 司諫院 上啓中에

　　今商賈收稅之法　著在令甲　務本抑末之意至矣　然奉行官吏視爲文
　具　不之擧行 …… 乞申明續典市廛之法　行商坐賈之人計口收稅　其
　徵納之稅毋使中外之司　各自私用[180]

이라 있듯이 어느덧 商賈·行商·坐賈 등 세의 징수마저 중지되었
다. 同 27년 10월 임자에 集賢殿 直提學 李季甸은

---

178) 『世宗實錄』 권80, 세종 20년 2월 병인.
179) 『世宗實錄』 권80, 세종 20년 2월 무진.
180) 『世宗實錄』 권87, 세종 21년 10월 을유.

　　臣又謂法之不行自有司始　凡諸收贖與其徵闕專用錢文　載在國典
然而刑曹義禁府徵贖之時　雜用貨布　各司徵奴婢工匠之闕　或代以紙
或納他物 京中如此何禁外方乎　監司如此　何禁守令乎　此有司先擾之
也[181]

라 上書하여 法司의 率先懷法을 논하고 있듯이 刑曹·義禁府를 비
롯하여 各司官府가 收贖·闕役價 등의 징수에 동전 아닌 布·紙
기타 物貨로의 위법 징수를 일삼고 있었던 것이다. 이계전은 同上
書에서 다시 錢價에 언급하여

　　臣今所聞市廛錢文之價　米賤而錢無及時之用 則一升之米或至十三
如有和賣等事而緊切於用錢　則或少至七八[182]

이라 하였으니 錢價는 여전히 米 1升에 7·8文 내지 14文에 불과
하였다.
　　관부 혹은 관리의 태만과 기피로 말미암은 동전으로의 대정부거
래 두질은 민간으로 하여금 더욱 동전을 무용지물로 보게 하고 동
전의 잠적을 한층 조장하였을 것이다. 그러나 한편으로는 관부나
관리의 태만·기피 행위 일반화 현상의 導因이 극도의 유통 錢量
감소와 부족에도 있었음을 또한 부인하지 못한다. 화폐기능을 상
실할 만큼 부족하게 된 유통 錢量 하에서 동전만으로의 징수는 불
가능한 것이었다.
　　이와 같이 동전 용도가 축소되고 유통 錢量은 극히 부족하였으
나 錢價는 同 9년에서 同 11년경의 가격 수준을 유지하였다. 이것

---

181)『世宗實錄』권110, 세종 27년 10월 임자.
182)『世宗實錄』권110, 세종 27년 10월 임자.

은 동전이 화폐로서의 가치가 아니라 그의 소재인 銅材의 가용성에서 그 가치가 인정된 때문이라 생각된다. 당초 정부에 의해서 명목화폐로 출발한 동전은 발행량의 다과나 형벌의 경중에 구애됨이 없이 민간에 의해서 秤量貨幣로서 그가 지니는 실질가 이상으로는 형성되지 않고 그나마도 漸減·潛跡 일로인 정세 하에서의 동전 增發은 무의미할 뿐 아니라 정부의 재정적인 손실만을 가중할 뿐인 것이다. 더구나 동전의 소재인 동재의 공급이 주로 일본으로부터의 수입에 의존하고 있었던 반면에 軍器의 제조, 활자 주조 등 緊切한 동재의 用處는 허다하였던 만큼 민간에의 동재 공급과 다름없는 동전 발행을 더 계속할 수는 없었다.

이에 同 27년 10월 임자에는 호조의 "以錢幣難繼 請改用楮貨"란 啓請을 계기로 저화제 復行을 본격적으로 토의하게 되니183) 동전제의 종말은 불가피하게 되었다.

4. 楮貨制의 復行

이와 같이 동전제는 유통량의 감소에 상응한 錢量의 공급이 불가능하게 되었고, 설혹 동전이 계속 增發될 수 있다 하더라도 실효 즉 동전 興用이 극히 의문시되었으므로 정부는 저화제로의 복귀를 구상하게 되었다. 세종 27년 10월 임자에 비롯한 저화제 復行議에서 集賢殿 直提學 李季甸과 같이 저화제를 반대하고 錢발행을 주장한 이도 있었으나 대개는 저화제에 찬성하였다. 그리하여 同年 12월 계묘에는 저화 사용을 결정하고 동시에 다음과 같은 '楮貨可行條件'이 공포되었다.

---

183) 『世宗實錄』 권110, 세종 27년 10월 임자.

一. 永樂年間所造楮貨　與今新造楮貨通用
一. 宣德元年受敎　楮貨一張折錢四十一文　今酌定楮貨一張錢五十
　　文　許令並用
一. 永樂二十年受敎　笒一十贖銅錢六百文　准楮貨六張　今酌定笒一
　　十楮貨則十二張　勿收布貨
一. 犯十惡奸盜非法殺人枉法受贓行師外　徒以下之罪　楮幣興用間
　　勿論尊卑　從自願並令收贖　楮貨銅錢聽從所納　凡徵稅和賣等事
　　民之所納於官者　並許錢楮通用其所收錢　京外官毋復擅用　悉送
　　濟用監
一. 祿俸頒賜錢代以楮貨　各司紫炭菜蔬燈油筆墨事錢　皆用楮貨
一. 楮貨紙令諸道州縣　納休低干司贍署　依前例造作
一. 楮貨雖柔軟　字印明白則用之　其破毀不堪用者還納司贍署　二張
　　換給新楮貨一張
一. 商賈之徒將錢文潛隱貿易他境者　依客館金銀貿易例大懲鑑　後
　　有能捕告者　將犯人家産充賞[184]

이 可行 조건은 이전의 동전 또는 저화제 실시 때와 내용상 별
반 차이는 없다. 그러나 미리 지적하여 두어야 할 몇 가지 점이 있
다.

둘째 조항에서 저화와 동전의 比價는 1장＝50문으로 折定하고
있다. 宣德 원년(세종 8년)의 錢楮와 미곡과의 公定比價는 저화 1
張＝錢 46＝米 1斗였으므로[185] 今比의 공정 比價는 저화 1장＝錢
56＝米 1斗로 折定되며 따라서 米 1升의 동전가는 5文으로 환산된
다. 그러나 저화와 미곡과의 換價는 1張＝1斗로는 折定되지 않은

---

184) 『世宗實錄』 권110, 세종 27년 12월 계묘.
185) 『世宗實錄』 권31, 세종 8년 정월 갑인조에 “逃亡奴婢役價　依匠人收稅
　　例　楮貨一張准米一斗　每米一斗准銅錢四十文　一年役價徵銅錢一千四百
　　四十文　給還本主”라 보인다.

듯하다.

셋째 조항에서 收贖價를 笞 10＝저화 12張으로 책정하고 있다. 永樂 20년(세종 4년) 受敎 중 '동전 600문'이란『大明律』의 규정을 인용한 것으로―世宗 4년에는 동전제는 尙今 시행되지 않았음―당시에『大明律』收贖價錢百文은 저화 1張으로 환산 적용되고 있었다. 따라서 笞 10＝저화 6張으로 환산되는데 이 收贖價는 태종 10년 저화제 復行 초로부터의 책정액이었다.186) 그리고 태종 10년 저화 復行 초의 저화와 미곡과의 公定比價는 저화 1張＝米 1斗였다. 이를 收贖價에 적용하면 笞 10＝저화 6張＝米 6斗로 환산된다. 그런데 금번의 收贖價 책정에도 이를 적용하면 笞 10＝저화 20張＝米 12斗로 환산되니 일견 수속가의 인상과 같이 보이나 사실 저화가가 2분의 1로 절하됨으로 말미암은 저화액의 증가라고 보아야 한다. 과거의 화폐제 시행 시에도 수속 및 징세액 등의 재조정은 언제나 화폐가의 低落에 기인하였고 또한 재책정된 화폐액은 언제나 당해 화폐 발행 초에 화폐가로서 折定된 미곡량에 기준을 두었다.187) 그렇다면 금번의 수속가는 笞 10＝저화 12張＝米 6斗로 환

---

186)『大明律』名例律 五刑 笞刑五條에 "一十贖銅錢六百文"이라 규정하고 있다. 이『大明律』의 贖錢六百文은 저화 6장 즉 錢百文＝저화 1장으로 환산되었음은『世祖實錄』권27, 세종 7년 3월 기묘조의 "刑曹啓 前此犯罪收贖之法 笞一十楮貨六張 每一十加六張 杖一百六十張 去壬寅年(세종 4년 : 필자주) 因民間楮貨價賤 笞一十十八張"이란 기사에서 명백하다. 笞 10＝저화 6장이란 收贖價는『太宗實錄』권21, 태종 11년 정월 갑술조에 "命杖以下罪 皆贖以楮貨 …… (議政府檢詳官)(元)肅以政府之意 上言曰 犯杖百者 罪之重者也 贖之則才六十張耳"라 있듯이 태종 10년 저화제 復行時로부터의 책정액임이 또한 분명하다.

187) 세종 7년의 동전제 시행 초에 동전과 미곡과의 公定折價는 錢 1文＝米 1升이었는데 錢價의 하락으로 인하여 工匠商賈 등 세를 재책정하게 되었다.『世宗實錄』권29, 세종 7년 8월 병술조에 "戶曹啓 錢文收

산되어야 마땅하다. 따라서 저화 1張은 米 5升으로 折定되는 셈이다. 그러므로 今此의 저화와 동전의 官價는 1張＝米 5升 5文＝米 1升으로 각각 설정되었다고 할 것이다. 이와 같은 官價의 설정은 可行 조건에 규정된 수속 및 징세를 비롯하여 봉록 지불 등에 적용하기 위해 불가피했을 것으로 생각되나 기타의, 즉 정부 物貨의 和賣, 민간 物貨의 買上 등에까지 적용되었던가에 대해서는 알 수 없다.

넷째 조항에서의 '徵稅'란 此後의 저화제 시행과정에서 보더라도 工匠·商賈·行狀(行商)·奴婢餘貢·行廊·歲貢楮貨 등의 세를 지칭한 것에 불과하며 모든 稅種을 총칭한 것이 아님은 물론이다.

위와 같은 可行 조건 각 조항에 布貨雜物 사용에 대한 금지조항이 없는 것으로 보아 민간 교역에서 저화 사용을 강요하지 않을 방침이었던 것으로 해석된다. 저화제 復行이 논의될 당초에도 左議政 申槩 등은 "雖改楮貨不峻其令 任其所用 終必無弊"라 하여 각자 소용에 맡겨둠이 좋겠다는 의향을 피력한 바 있었고[188] 뒤에 저화의 不興用을 타개하기 위하여 "私貿易皆用楮貨何如"란 헌의가 있었을 때에도 정부 중신은 모두 "私貿易皆用楮貨 令行爲難 徒擾市肆耳"라 하여 이에 반대함으로써 실행되지 못한 사례도 있다.[189]

納條件 一在前諸色匠人月稅 每朔上等一名楮貨三張 中等二張 下等一張 …… 請今以一張准米一斗 每米一升直錢四文 計工匠每朔上等一名錢一百二十文 中等八十文 下等四十文 …… 以此定式收納 …… 命依所啓"라고 보인다. 세종 7년 동전 발행 초의 저화와의 교환 비율은 1대1이었다. 따라서 저화와 미곡과의 折價는 저화 1장＝米 1升이었다. 그런데 앞서 적은 세액 재책정에 있어서는 태종 10년 저화제 발행 시의 미곡과의 折價에 기준을 두고 있는 것이다.

188)『世宗實錄』권110, 세종 27년 10월 임자.
189)『文宗實錄』권5, 문종 원년 정월 병인.

따라서 이번 저화제 시행에 있어서는 楮布를 겸용하게 하면서 저화의 자연적인 興用을 기할 방침이었던 것이며 이는 동전제 시행 시의 방책을 답습한 것이라고 할 것이다.

위의 可行 조건에 의거하여 실시하게 된 제3차의 저화제에 있어서 유통 실시를 살펴보기로 한다.

저화와 동전의 겸용을 可行 조건에 규정한 바 있지만 그것이 그리 용이한 일이 아닐 것임은 이미 정부도 세종 초년의 錢楮 겸용 경험에서 숙지하고 있었을 터이므로 실제로는 그리 기대를 걸지 아니했을 것으로 사료된다. 同 29년 7월 기미에 종래 燒錢鑄器의 폐해를 없애기 위해서 엄금되었던 銅器私鑄의 금법을 해제한 바로 도[190] 능히 정부의 앞으로의 동전 유통책에 대한 미온적인 태도 및 心算의 일단을 엿볼 수 있는 것이다. 저화제 復行이 논의될 때에 集賢殿 直提學 李季甸이 그의 錢幣論에서

萬卷楮貨一無所用　一貫錢文可成一器　若使人去取兩幣　人心所樂疑當在於錢文也[191]

라고 한 바도 있거니와 실제로 저화 復行 후에 정부 관리마저 징세 등의 경우에 저화 수취를 기피하고 동전으로 强徵하는 사례가 없지 않았으니[192] 동전 겸용을 정부가 기도한들 그것은 오히려 저화의 사용을 逡巡하게 할 우려가 농후하였던 것이다. 실제로 정부는 저화 발행 후로는 동전 발행을 중지하고 말았던 것이 분명한데, 세조 3년 5월 무자에 동전의 賜與를 청한 일본 국왕에게 보낸 답

---

190) 『世宗實錄』 권117, 세종 29년 7월 기미.
191) 『世宗實錄』 권110, 세종 27년 10월 임자.
192) 『世宗實錄』 권113, 세종 28년 8월 을묘.

서에 "本國錢幣不行已久"라 하고 1만 관의 동전을 송부하고 있는 것에서 알 수 있다.[193] 정부의 동전발행이 중지된 후로 민간 산재 동전은 저화의 補助貨로서 유통되기보다는 화폐로서의 용도가 아닌 다른 목적에 더욱 사용되었을 것이 충분히 예측된다. 동전은 차츰 자취를 감추어 버린 것으로 생각되며 따라서 錢楮겸용을 운운한 정부의 실제 의도는 저화 전용에 있었다고 할 것이다.

저화의 민간에의 발급은 주로 민간 物貨의 買上에 의했던 것 같으니 同 28년 8월 을묘의 議政府 啓文에

> …… 且外方楮貨出處無由 興用爲難 …… 以京中各司所在楮貨量數分送民間 從自願買賣使之播用[194]

이라 하였다. 민간 물화와의 교환에 의해 저화 방출이 계속되었는데 그러한 정부 所用 물화 매상은 민간 저화와 정부 물화와의 교환이나 기타 세납 등 저화로의 대정부 거래의 적극적인 실천을 전제로 한 것이어야 한다. 그러나 정부 물화의 화매에 의한 민간 저화 흡수는 별로 실행된 흔적이 없을 뿐더러 정부에 의한 민간 물화의 매상이나 기타 봉록 등 경비 지출만이 일방적으로 계속됨으로써 저화가는 賤落하고 민간에서는 그의 사용을 逡巡하였다. 『文宗實錄』 즉위년 10월 병자조에

> 上謂承政院曰 予聞不興用楮貨者 以各司所費皆用楮貨 而楮貨價賤故也[195]

---

193) 『世祖實錄』 권7, 세조 3년 5월 무자.
194) 『世宗實錄』 권113, 세종 28년 8월 을묘.
195) 『文宗實錄』 권4, 문종 즉위년 10월 병자.

라 보인다.

정부의 민간 저화 회수책이 강구되지 않을 뿐 아니라, 各司 관리
는 徵贖 징세 시에 저화로의 수납을 회피하여 포화 혹은 동전으로
의 납입을 강요함으로써 더욱 저화로의 대정부 거래로를 막았었
다. 예컨대 세종 28년 8월 을묘에 형조는

> 楮貨復立之時 興用之策曲盡布置 而各衙門官吏不顧大體 失毀國
> 法 使民間不得興用 甚爲不可 自今如前折納布貨等物者 及不從自願
> 强徵銅錢不用楮貨者 令納者告于本曹 啓聞論罪[196]

라 上啓하여 저화로의 수납을 기피하는 각사 관리의 단속을 청하
고 있는 것이다. 그러나 이와 같은 관리의 포화 잡물로의 위법징수
는 同 31년 정월 무신 楮貨興用策 논의 시에 右贊成 金宗瑞가

> 且各司收贖徵闕 皆以米布與紙 而不以楮貨 故皆不以爲貴也[197]

혹은 左議政 鄭苯이

> 但奉法官吏 凡徵贖皆以雜物 而不用楮貨 如漢城府商買行狀之稅
> 若納楮貨者則淹延委置不卽出給 故爭以雜物輸納 此官吏先自毀之
> 也[198]

라고 하였음과 같이 좀처럼 가시지 않았으며 법규대로 납입하는
자는 오히려 行狀稅의 경우와 같이 해를 보게 되는 형편이었다. 그

---

196) 『世宗實錄』 권113, 세종 28년 8월 을묘.
197) 『世宗實錄』 권123, 세종 31년 정월 무신.
198) 『世宗實錄』 권123, 세종 31년 정월 무신.

리하여 同年 3월 병술에 저화를 쓰지 않는 관리에게는 制書有違律
을 적용하여 全家入居의 중벌을 과하기로 하였다.[199] 그러나 그러
한 중벌의 규정도 별 소용이 없었던 모양으로 문종 원년 2월 경오
에

　　前此楮貨興用之法詳盡無餘　自復用以後如舊不樂興用　誠爲可嘆
　…… 官吏等並不奉行成法　京中罪人之贖雖用楮貨　其他奴婢工匠罰
　徵率以他物贖之　至於外方則雖重贖皆不用楮貨　因此一出於官更不
　復入　其在民間至爲賤物　人不樂用　遂使良法不得通於中外　甚爲未便
　請自今司憲府申明舊法嚴加糾察[200]

이라 의정부는 上啓하고 있거니와 정부에서 일단 발급된 저화는
다시 회수될 길이 없었으니 민간의 저화는 賤物이 되어 이의 사용
을 기피하니 통용될 수가 없다는 것이다.
　이와 같은 민간의 저화 사용 기피와 저화가 低落은 정부의 민간
물화의 買上을 여의치 않게 하였다. 예컨대 실록 문종 즉위년 6월
기축조에

　　戶曹啓　今年進獻比舊倍多　而納白苧布者鮮少　使臣之行貿易之布
　公私俱不周足　不可不慮　條陳周足之策　…… 一白苧布極貴　而給價
　之時並給楮貨　興利之徒願納者鮮少　除楮貨皆給正布何如　皆從之[201]

라 기재되어 있음과 같다. 그리하여 민간 물화의 매상에 저화 대신
포화를 지불함으로써 유통 저화량을 적게 하여 우선 저화가 인상

---

199)『世宗實錄』 권123, 세종 31년 3월 병술.
200)『文宗實錄』 권6, 문종 원년 2월 경오.
201)『文宗實錄』 권2, 문종 즉위년 6월 기축.

에 힘써야겠다는 의견이 나오게 되었다. 실록 문종 즉위년 10월 병
자조에

> 上謂承政院曰 …… 予意以爲自今各司所支用 勿以楮貨代以布 則
> 楮貨貴而其價亦貴也 左承旨金文起對曰 誠如上敎[202]

라 하였다. 이후 저화의 지출 억제는 다른 문제로 하고라도 저화량
조절을 위한 회수책은 약간 강구되었다. 새로이 開城府에 대한 1만
장의 歲貢을 비롯한 각 주현으로부터의 歲貢楮貨의 징수를 실시하
였고[203] 度牒丁錢 수납에 저화로의 대납을 허용하였고[204] 工匠·
商賈·行商·行廊 등 세의 징수를 강화하였다.[205]

世祖朝에 들어서면서는 저화제 復行初부터의 방침을 一變하여
공·사무역에 일체 포화 잡물의 사용을 금하고 저화만을 통용하기
로 강경책을 채택·실시한 것 같다. 그러나 그러한 강제적 유통책
은 관에 의한 저화로의 抑買가 자행되는 결과를 가져옴으로써 큰
민폐를 胎生하게 하였으며 그것은 민간으로 하여금 더욱 저화 사
용을 기피하게 하였다. 억매의 실정을 실록 세조 2년 5월 을해조에
다음과 같이 전한다.

> 承旨具致寬韓明澮等啓曰 …… 若楮幣則義禁府漢城府刑曹司憲府

---

202) 『文宗實錄』 권4, 문종 즉위년 10월 병자.
203) 『文宗實錄』 권7, 문종 원년 4월 병술.
204) 『文宗實錄』 권7, 문종 원년 4월 병술.
205) 『端宗實錄』 권7, 단종 원년 8월 병신, "議政府據戶曹呈啓 …… 然漢城
　　府不詳錄市廛間架之數及行商坐賈姓名諸色匠人等第　而以楮貨總數移
　　文 故無所考據 雖有巧避累年不納者 無由檢覈 請自今市廛間架數及匠
　　人等第 商賈姓名 稅楮貨之數明白載錄輸送 從之".

等法司使令抑賣 不惟此也 內鷹坊別監假借內勢 抑買雞狗206)

이에 同年 6월 신해에

今後將楮幣抑買雜物者 一皆禁斷207)

이라 사헌부에 傳旨하여 억매 행위를 금단토록 하였다. 저화 전용은 이러한 폐단만을 낳고

楮貨無用之物 民皆不利 每稱古用布之時208)

이란 申叔舟의 말에서와 같이 무용지물임에는 변함이 없었다. 그리하여 同 4년 11월 무술에는

楮貨之法不能通行 有無乖於民情 今後紬布綿布正布與五升布楮幣 等雜貨 隨其情願貿易有無209)

이라 호조에 傳旨하여 저화 전용령을 철폐하고 각자 소용대로 布楮를 겸용하도록 하였다. 그리고 同年 12월 갑술에는

請京外犯罪人收贖 亦從情願幷用雜貨210)

---

206)『世祖實錄』권4, 세조 2년 5월 을해.
207)『世祖實錄』권4, 세조 2년 6월 신해.
208)『世祖實錄』권12, 세조 4년 4월 계축.
209)『世祖實錄』권14, 세조 4년 11월 무술.
210)『世祖實錄』권14, 세조 4년 12월 갑술.

란 형조 啓請에 따라 收贖에도 포화를 납입할 수 있도록 하였다. 收贖 시와 저화 납입은 관리의 不遵法으로 포화로의 납입이 일반적이었던 것인데 이번의 개정으로 포화 수납이 합법화된 것이다. 수속가의 포화 수납이 공인되었을 뿐 아니라 各司奴婢餘貢楮貨도

> 世祖大王洞知綿布用緊 將各司奴婢身貢之數加數改定 一奴之貢收綿布一匹米二斗 一婢之貢收綿布一匹米 一斗211)

란 실록 기사에서와 같이 그 수납이 삭제되어 布米로 代收하게 되었다. 이제 저화의 대정부 거래는 기껏 工匠·商賈·行廊·行商 등 약간의 잡세 수납에만 極限하게 된 것이다.

이렇게 정부와의 저화 거래가 점차로 축소되는 한편으로는 저화가 또한 하락하여 同 6년 7월에 완성 공포된 『經國大典』 戶典에서는 미곡과의 公定比價를 저화 1張=米 1升으로 新定하였다.212) 官價가 이러하니 시가는 더욱 하락되어 있었으리라고 생각된다. 同 大典 戶典 國幣條에는

> 國幣分三等 五升布爲上等 三升布爲中等 楮貨爲下等 幣布兩端須經官印213)

이리하여 저화는 하등 國幣로서 계속 통용될 것을 규정하였으나 그 후로 그의 유통량이 극히 감소되어

---

211) 『成宗實錄』 권44, 성종 5년 윤6월 무신.
212) 『經國大典』 권2, 호전 녹과.
213) 『世祖實錄』 권21, 세조 6년 8월 을묘.

故犯罪者 只以罕少楮貨未易贖罪 其弊不貲[214]

이란 刑曹 上啓에서와 같이 收贖用 저화 求得조차 어렵게 되었으니 상등 국폐인 포화 사용이 더욱 일반화되어 갔었을 것은 뻔한 노릇이다. 同大典 國幣條 前揭文下에

幣布一匹張三十五尺或以十七尺五寸爲半匹 兩端須經官印 京中司贍寺外方各其邑並經朝鮮通幣之印 方許買賣 經印時收稅二十分之一收稅 從納者情願以三等幣准計通用[215]

이라 挾註하여 오승포(織物의 升數를 표시한 것임) 이하의 포화는 '朝鮮通幣'란 着印과 동시에 印稅(물품세)를 납부하여야 화폐로서 유통될 수 있도록 하고 인세가는 常布(常五升布) 반 필에 저화 1장의 비율로 부과하기로 하였다.[216] 布貨經印稅 설정의 본의는 확실히 알 수 없으나 앞서 태종 15년 5월에 着稅(布稅楮)가 논의될 때 태종은

楮貨則着稅價不可無也[217]

이라 하여 저화제 시행에는 着稅가 없을 수 없다고 한 사례에 비추어 이번에도 저화의 통용을 촉진시키고자 함이 그 목적이 아니었던가 추측된다. 이 經印稅 징수도 그로 말미암은 犯罰者 속출과 姦詐之徒의 발호로 세조 10년 8월 기해에

---

214)『世祖實錄』권21, 세조 6년 8월 을묘.
215)『世祖實錄』권23, 세조 7년 2월 무인.
216)『世祖實錄』권21, 세조 7년 2월 무인.
217)『太宗實錄』권29, 태종 15년 6월 임오.

　　布幣經印雖古今天下之通法　而貧窮之民　忙忽而罹罪辜者多　富强
之徒騁詐而毀國法者衆　今後勿禁無印[218]

이라 하교하여 폐지하고 말았다.

　이 經印稅法의 폐지와 때를 같이하여 箭幣(일종의 동전)란 新鑄
貨의 발행 便否를 의정부와 6조의 참판 이상에게 논의하게 하였
고[219] 同年 11월 임술에서는 箭幣의 주조를 명하였으니 실록에

　　命鑄箭幣歲十萬個　箭幣形如柳葉箭鏃長一寸八分莖一寸七分　莖端
兩面分鑄八方通貨四字　以一箇准楮貨三張[220]

이라 보인다. 그 후 어떠한 사유인지 알 수 없으나 주조업이 遷延
되어 3년 뒤인 同 13년 10월 정사에야

　　出內藏箭鏃一箇　付司贍寺曰　依此樣　做爲箭幣[221]

하였다고 실록에 보인다. 이로부터 실제로 주조에 착수하였는지도
또한 분명치 않다. 따라서 頒用 여부를 가릴 수는 없지만은[222] 어

---

218) 『世祖實錄』 권34, 세조 10년 8월 기해.
219) 『世祖實錄』 권34, 세조 10년 8월 기해.
220) 『世祖實錄』 권34, 세조 10년 11월 임술.
221) 『世祖實錄』 권44, 세조 13년 10월 정사.
222) 錢幣 주조가 결정되었던 세조 10년경부터는 建州 여진인의 활동이 활
　　발하여져 조선에서는 그들에 대한 방비를 더욱 엄중히 하였고, 同 13
　　년 5월에는 會寧節制使 李施愛의 반란이 돌발함으로써 전국의 병력을
　　기울여 4개월의 시일을 소비한 끝에 평정하였다. 연이어 同年 9월에
　　는 명의 청병으로 만주에 출병하여 建州衛都贊 李滿住와 그의 아들
　　古納哈을 處斬한 소위 成化 3年役이 繼起하였으니 세조 薨去 1년 전

쟀든 箭幣의 발행 논의가 저화 유통이 거의 무망하게 되었을 때
즈음의 일인 것으로 미루어 저화에 대치하려던 것이 그것의 발행
을 구상하게 된 동기였다고 생각된다. 그것은 箭幣 발행 논의 시에
執義 李承根이 "저화를 革除하고 포화를 전용하되 箭幣를 겸용함
이 가하다"라고 진언한 데 대하여 세조가 동의를 표시한 바로도
충분히 알 수 있는 일이다.223)

睿宗의 뒤를 이어 成宗이 즉위하자 세조 말년에 극히 해이되어
유통이 중단되다시피 되었던 저화의 興用을 다시 강구하게 되었
다. 성종 3년 10월 정축에

　　大典內楮貨一張准米一升　近不興用　楮貨法漸弛　今後車價及一應
收贖專用楮貨　藥材典賣依舊例楮貨爲半行用　違者並以制書有違律
論　市裏楮貨買賣時　違法減價者　亦以右律科罪224)

란 戶曹 上啓에 따라 금후 事價 및 收贖에는 저화를 전용하고 藥
材典賣價도 반액은 저화를 行用하게 할 것이며 『경국대전』에 규정

의 일이다. 이 成化 3年役 후에 조선은 建州衛人의 보복을 염려하여
邊備를 더욱 엄중히 하였는데 이러한 대여진관계의 긴박, 내란 발발
등으로 말미암아 軍器 수요도 격증하였을 것이다. 이러한 사정이 부
득이 箭幣 주조를 遷延 혹은 중지하게 하지 않았나 생각된다(李仁榮
著, 『韓國滿洲關係史의 硏究』, 을유문화사, 1954 참조).
223) 『世祖實錄』 권34, 세조 10년 12월 갑오, "先是執義李永根上疏 論時弊
六條 …… 其疏曰 …… 論用弊 臣謂甚矣 用弊之道難矣哉 …… 盖布幣
國家旣已用之矣 獨箭幣時未行耳 臣竊望焉 伏惟殿下特降兪音 今該曹
專用布幣兼以箭用以革楮幣 臣嘗於輪對之日 旣以此郵馹之幣陳之 又於
殿下製泉幣以示講論之日　亦以此用幣之道陳之　並蒙頷可　誠千一之幸
也".
224) 『成宗實錄』 권23, 성종 3년 10월 정축.

된 저화 1張＝米 1升의 官價에 준해서는 매매되어야 하며 위와 같은 것들을 위반했을 때에는 制書有違律罪로 논죄하기로 되었다. 그리고 『경국대전』에는 工匠·商賈·行商·行廊·奴婢餘貢 등 세 수납에 저화 전용을 규정하고 있었던 것인데[225] 그러나 이같은 受敎 내용이나 『경국대전』 규정대로 이행되지 않았다. 예컨대 실록 同 2년 4월 정묘조에

> 戶曹啓 …… 一諸司奴婢身貢餘錢楮貨 與元貢楮貨 除上納皆以穀充納 …… 從之[226]

라 있어 各司 奴婢餘貢楮貨를 미곡으로 代收하고 있다. 성종 15년 8월 현재의 노비 총 수는 35만여 구[227]에 달했으니 이들로부터 餘貢楮貨를—노비 여공저화액은 奴 20장, 婢 10장이었을 것임[228]— 수납하였다면 그 저화량도 수백만 장을 헤아렸을 것으로 저화 수납액 중 최다량을 점한 것이었다고 할 것인데 이것이 제외되고 만 것이다. 그뿐 아니라 收贖時의 저화 전용도 좀체로 이행되지 못하였고 법의 이행 여부를 檢察하여야 할 형조조차 收贖에 포화 代收를 청하고 있다. 실록 同年 5월 을미조에

> 戶曹啓 刑曹受敎關該 …… 凡徵贖 …… 請以綿布楮貨相半用之[229]

---

225) 『經國大典』 권2, 戶典 雜稅 ; 권2, 戶典 徭賦.
226) 『成宗實錄』 권10, 성종 2년 4월 정묘.
227) 『成宗實錄』 권169, 성종 15년 8월 정사.
228) 『經國大典』 권2, 戶典 徭賦.
229) 『成宗實錄』 권30, 성종 4년 5월 을미.

이라 보인다.

이와 같은 정부에 의한 저화 수납로의 축소는 자연 민간으로 하여금 저화에 대한 정부의 가격이나 유통보증에 대한 신뢰를 감퇴하게 함으로써 그 통용을 기피하게 했을 것이다. 同 4년 5월 을미의 호조 啓文에

世祖朝參酌古今楮貨一張准米一升之法 載在六典 一應徵贖全用楮貨 …… 已有受教而楮貨入官之路 猶爲不廣 楮貨價賤 民間不肯行用[230]

이라 하였고 同月 병신에 參贊官 金紐는

我世宗朝參酌古今 始造楮貨行之 世祖朝旣載之大典 其民不樂用者 徒以楮貨之用不廣也[231]

이라 上啓하여 위의 사실을 더욱 분명히 하여주고 있다. 그리고 저화가는 15·6張＝米 1升이란 賤價였고[232] 同年 10월경에는 2·30張을 주고도 1升米를 살 수 없는 정도로 무용지물이 되고 말았다.[233]

이같이 극심한 저화가 低落과 유통 두절은 저화제의 실시를 무의미한 것으로 만드는 데에만 그치지 않고 민간은 물론이고 정부의 재정적 손실도 면하기 어려웠다. 同 5년 3월 병오 上堂府院君 韓明澮는

230) 『成宗實錄』 권30, 성종 4년 5월 을미.
231) 『成宗實錄』 권30, 성종 4년 5월 병신.
232) 『成宗實錄』 권30, 성종 4년 5월 을미.
233) 『成宗實錄』 권35, 성종 4년 10월 경신.

典醫惠民兩司典賣藥價 乃令米與楮貨相半收之 以爲存本取息之規
米則貿布買藥材于中朝 但楮貨則價賤 積於無用 故玆者徙其半於司
贍寺 如此則不出數年 存本取息之法廢矣 請令該曹 計楮貨之數 以
米准價給兩司以濟其用234)

이라 上啓하여 저화의 무용지물화로 말미암은 재정적 손실로 典醫
·惠民 兩司 운영에 적지 않은 지장을 초래하였으므로 이에 대한
구제책의 필요를 말하고 있다. 同 4년 5월 을미에 刑曹는

今楮貨價賤 凡徵贖專用楮貨 則懲罪大輕 而本曹用度不足 請以綿
布楮貨相半用之235)

라 하여 收贖時의 賤價인 저화 전용으로 該曹의 경비가 부족하게
되었으니 저화와 면포를 相半 수납토록 할 것을 청하고 있는 것이
다.

저화가의 폭락은 또한 收贖의 실질적인 大輕減을 부득이하게 하
였으니―기타 收稅의 경우도 동일할 것임―그것은 앞서 인용한 刑
曹 啓文에도 언급된 바인데 大司諫 鄭佸은 다시 이에 대해

我朝楮幣之設 本欲以一張准米一升 使民用之流通貨財者也 ……
近者欲開興用之路 凡所贖罪一以此徵之 然計楮貨之價 則杖八十之
贖不過綿布一匹而已 贖罪旣易 豪猾之徒犯法益輕 甚者故犯之 獄訟
之煩未必不由於此 楮貨卒不能用 而弊復滋甚矣236)

---

234) 『成宗實錄』 권30, 성종 5년 3월 병오.
235) 『成宗實錄』 권30, 성종 4년 5월 을미.
236) 『成宗實錄』 권35, 성종 4년 10월 경신.

라 하였으니 즉 收贖價의 大輕으로 범죄를 용이하게 하는 따위의 폐해가 滋甚해졌다는 것이다.

위와 같은 난관에 부딪혀 진퇴양난에 빠진 정부는 新楮貨를 발행하는 한편 舊楮貨를 회수함으로써 즉 유통화폐량을 조절·감소하게 하여 저화가의 인상을 도모하기로 하였다. 이러한 계획은 同年 10월 경신에 大司諫 鄭佸의

> 臣等以爲改作楮貨　定爲新制　使之不渾舊樣　其印出之數務令尠少 使楮貨不賤[237]

이란 上啓에서 發案하여 同 5년 9월 신미에는 우선 新貨의 발행을 정식으로 결정하고 아울러 舊貨와의 대치 방안도 수립하였다. 실록에 다음과 같이 기재되어 있다.

> 戶曹啓　楮貨一張准米一升　民不行用　其價甚賤　請今新造楮貨一應 公處支給　皆令行用　而其於徵贖稅貢　則來乙未年爲始用五分之一　丙 申年五分之二　丁酉年五分之三　戊戌年五分之四　至己亥年專用新楮 貨　諸道一年之內未遍行用　京畿江原黃海忠淸道則丙申年爲始　慶尙 全羅平安永安道則丁酉年爲始　逐年漸加數用之　從之[238]

구저화는 中國 것에 비해서 형태가 너무 長廣하여 제조에 紙長이 많이 소비될 뿐 아니라 지참·운반에도 불편하여 일찍이 文宗朝로부터 중국 저화 규격과 동일한 신저화의 발행이 논의된 바 있었던 것인데 이제 저화량 감소책을 계기로 실현하게 된 것이다.[239]

---

237) 『成宗實錄』 권35, 성종 4년 10월 경신.
238) 『成宗實錄』 권47, 성종 5년 9월 신미.
239) 『文宗實錄』 권5, 문종 원년 2월 경오조에 "議政府啓 …… 且本國楮貨

소형화된 新貨를 舊貨와 대치하는 방안을 보면 대치 기간을 퍽 길게 설정하고 있음이 주목되는데, 그 원인이 新貨 印造量이 미치지 못했던 점에만 있었던 것으로는 납득되지 않으며 오히려 신화의 발행을 가능한 한 억제하고 한편으로 징세 등을 통한 구화 회수를 계속함으로써 유통 저화량을 감소하게 하려던데에 더 큰 원인이 있었다고 생각된다. 그것은 同 8년 7월 정묘조의

御經筵 講訖 …… (執義金)升卿又啓曰 今楮貨之價倍蓰 贖罪者不得貿買 人甚苦之 上曰 用幣有法 何以云爾 升卿曰 往者朝士俸祿工匠粮養皆用楮貨 故其價甚賤 乃者欲革其弊 收而不散於民 請廣造以便民用 上曰 令該司議之[240]

란 왕과의 대담에 歷然한 바인데, 극도의 유통량 감소책은 저화가를 상승하게는 하였으나 반면 저화량의 감소로 말미암아 그 유통이 극히 어렵게 되고 말았다.

위의 金升卿의 응대 중 "전에는 朝士 녹봉과 工匠 粮養에 모두 저화를 지급하였기 때문에 저화가가 심히 천해졌었는데 이 폐단을 革除하기 위하여 회수하여서는 민간에 散布하지 않았다"라고한 구

長廣太過 其紙箚爲難 一從中朝體制 造板印之 並舊楮貨亦令通行 …… 從之"라고 기재하여 있어 중국 저화에 비해서 본국 것의 크기가 퍽 長廣하였었음을 알겠거니와 이때에 의정부의 獻議에 문종도 따른 바 있지만 실제로 개조되지 않았었다. 『成宗實錄』 권47, 성종 5년 9월 신미조에 "戶曹啓……請今新造楮貨一應公處支給 皆令行用"이라 보이고 다시 『成宗實錄』 권226, 성종 20년 3월 을해조에 "舊貨大而新貨小 賚行甚易 藏之亦便"이라 하였으니 성종 5년 9월에야 중국 체제에 준한 新楮貨의 발행이 실현된 것이다. 명 大明寶鈔의 크기는 高一尺廣六寸(『明史』 食貨志5 錢鈔)이었다.

240)『成宗實錄』 권82, 성종 8년 7월 정묘.

절에서 미루어 저화유통량 감소책 실시를 계기로 종전에 녹봉으로 지불되던 저화의 지급이 중지되었든지 그렇지 않으면 布米로 代給하게 되었던 것이 아닌가 하는 생각을 갖게 하나 확언하기 어렵다. 여하튼 이와 같은 유통저화량의 감소책이 오래 지속되어 그로 인한 저화 통용이 또한 더욱 곤란하게 된 듯하다. 同 20년 2월 경술 特進官 李淑琦의 上啓에

　且國家用楮幣　入於官者多　出於民者少　以是積於司贍者漸至腐壞而民無以得之　雖國法八十張准綿布一匹　而市人准以二三十張　無他出於市者稀貴也　請以司贍寺所藏　出市於民　其腐壞不用者　准其數改造　則楮幣不至甚貴　而官獲其利矣[241]

라 하였다. 시중 유통량의 희소로 저화가는 公定官價를 3·4배나 상회하는 앙등상을 보였으되 그것을 손에 넣기는 좀체로 어려운 유통상을 나타내었다. 同年 3월 현재의 司贍寺 貯藏 저화량은 신저화 101,078장이었음에 비해 구저화는 3,722,903장이란 다량이었다.[242] 이는 구저화의 계속적인 회수로 말미암은 것이라고 할 것인데 이렇듯 회수된 다량의 구화는 시중 유통 저화의 부족에도 불구하고 사장되어 있었던 것이다. 이에 더하여 新貨 발행후로 어느덧 舊貨는 화폐가치를 상실하여 휴지화됨으로써 저화 부족을 극심하게 하니 납세·收贖時의 저화 求得難으로 인한 민간의 고통이 여간이 아니었다. 실록 同 20년 3월 을해조에 다음과 같이 기재하여 있다.

---

241) 『成宗實錄』 권225, 성종 20년 2월 경술.
242) 『成宗實錄』 권226, 성종 20년 2월 을해.

　　戶曹啓　今承傳敎議者有言　民間楮貨稀貴　故納月稅及徵贖民甚苦
之　司贍寺楮貨年久腐破　可許民貿易　其便否商議以啓　臣等僉詳　官
收楮貨只用新貨不用舊貨　故民間新貨極貴[243]

　　그리하여 성종은 구저화의 着印放賣 여부를 호조에 傳敎하여 商
議하게 하였던 바 호조는

　　今司贍寺所藏 …… 新貨遺在數少　而舊貨多積將爲無用　令工曹鑄
舊幣通行四字印　着舊貨之背　從時直和賣　民間通變有無痛禁無標舊
貨　則公私兩便[244]

이라 商議의 결과를 上啓하였다. 정부 收藏 舊楮貨에 '舊幣通用'이
라 着印하여 민간으로 하여금 무역 통용하게 하자는 이 호조 안을
다시 영돈녕 이하에게 그 가부를 의논하게 하였다. 이에 대해 李克
培 등은 호조 안에 찬성하였고 盧思愼은 구화의 무조건復用을 주
장하였으나 성종은 尹弼商의

　　臣竊惟倒換緝鈔之法　具載至正條格　參考前制　以啓後更議[245]

란 所論을 채택함으로써 死藏 舊楮貨 방출책은 좌절되고 그 후 다
시 更論되지도 아니했다.
　　정부 收藏 저화에 着印 방매하자는 호조 안에 대해 倒換緝鈔之
法을 운운하여 후일의 更論을 내세운 尹弼商의 의견에 성종이 찬
동한 이면에는 그만한 이유가 숨겨져 있었던 것으로 생각된다. 만

---

243) 『成宗實錄』 권226, 성종 20년 3월 을해.
244) 『成宗實錄』 권226, 성종 20년 3월 을해.
245) 『成宗實錄』 권226, 성종 20년 3월 을해.

일에 호조 안을 실행하게 된다면 반드시 민간 소유 구저화에 대한 조치가 뒤따를 수밖에 없다. 민간 소유 구저화를 회수하여 着印 반환하든지 그렇지 않으면 정부의 着印 구저화와 교환하게 하던지 양자택일의 정부 조치가 필요한 것이다. 왜냐하면 원래 구저화가 사용되지 않게 된 동기는 정부 당국자의

官吏於月稅與典賣藥材一應收贖奴婢身貢等事 許用新貨 而不許用 舊 故舊貨將至於無用 此官吏之過 非法之弊也[246]

란 말을 빌려보면 정부의 명이 아니라 관리의 자의적인 不遵法으로 태생된 결과라고 하니 하등의 교환조치가 없이 着印 구저화만을 통용하게 한다면 관리의 위법이 정부가 내심 바랐던 소위임을 실증하는 결과가 되고 마는 것이다.

실상 관리의 위법 행위에 대해 정부는 하등의 조치를 취한 바 없어 그를 묵인함이나 다름없었으며 착인 구저화의 방매를 논의하더라도 그것은 구저화를 쓰지 않음이 바로 정부 자신의 의사였다고 보아 무방할 것이다.

정부가 유통저화의 부족을 해소할 의향이 있었다면 구저화의 착인 발행이 아니라도 신저화 增發로 쉽게 해결할 수 있는 일이다. 그럼에도 불구하고 정부가 굳이 구저화의 착인 발행을 논의하게 된 것은 신저화의 계속 발행을 하지 않을 정부 방침이 세워졌던 때문이라고 생각된다. 정부의 이와 같은 諸處事 즉 민간소유 구저화 불용 묵인, 구저화 착인 발행안의 포기, 신저화의 발행중지 등은 유통을 불가능하게 할 만큼 희귀화한 저화량의 해결을 포기한 것이며 그것은 바로 저화제의 계속 실시를 단념한 것과 다름없다

---

246) 『成宗實錄』 권226, 성종 20년 3월 을해.

고 할 것이다.

　『經國大典』권2, 戶典 國幣條에

　　國幣通用布楮貨(正布一匹准常布二匹　常布一匹准楮貨二十張　楮
　　貨一張准米一升　凡徵贖全用楮貨　價買一半用之)

라 하여 국폐로서 포화와 더불어 모든 매매에 통용될 것을 규정한
것 외에 저화로의 각종 收稅事를 並錄하고 있지만은 이『경국대
전』이 완성되어 시행하게 된 성종 16년 정월 경에는 이미『경국대
전』규정대로는 거의 이행되지 않고 있었다.

　工匠·商賈稅만 하더라도 同年 10월 을유의 의정부 陳言에

　　魚鹽船網工商等雜稅不一　官吏等慢不致意有名無實　自今檢覈年年
　　所入多寡　其不實者官吏論罪何如[247]

라 하여 징수를 등한히 하고 있었으며 同 23년 11월 갑술의 경연
석상에서 左議政 曹偉는

　　比來諸司徵贖不收楮貨　而收布物[248]

이라 하였고 特進官 柳子光은

　　外方不知楮貨爲何物　守令徵贖於民無所不至　如川防陷穽無時發擿
　　皆徵布物　百姓何以聊生[249]

---

247)『成宗實錄』권184, 성종 16년 10월 을유.
248)『成宗實錄』권271, 성종 23년 11월 갑술.
249)『成宗實錄』권271, 성종 23년 11월 갑술.

이라 하였으니 收贖에 포화가 징수됨이 일반적이었고 외방에서는 저화가 무엇인지 알지도 못하는 형편이었다. 그리하여 중종 7년 정월 병인에 호조판서 孫順孫이

　　楮貨之法載在大典　近來專廢不用焉[250]

이라 하였음과 같이 어느덧 저화는 자취를 감추어 버리고 만 것이다.

5. 結語

이상에서 조선초 화폐제의 변천 과정을 대충 살펴보았다. 조선초의 화폐제는 세종 연간 약 21년간을 제외하고는 저화제로 일관되었다. 그리고 저화나 동전 어느 경우에도 布米와의 겸용을 허용하고서는 그의 유통을 기대할 수가 없었다. 따라서 화폐발행 초에는 대개 미포의 사용을 금지하고 단일화폐만의 통용을 기도했었다. 그러나 그와 같은 저화나 동전만의 전용은 빈번히 실패하였고 布米의 無用을 허용치 않을 수 없었다. 그리고 화폐의 유통 지역은 법제상으로는 반도 전역을 대상으로 한 것이었으나 실제로는 京中이나 기껏해야 개경 정도에서의 유통으로 그쳤다. 따라서 외방에서는 포미가 여전히 화폐로서 통용되었고 정부 자체도 외방에서 유통을 그리 도모한 것 같지도 않다. 외방에서는 화폐가 거의 통용되지 않았음에도 불구하고 저화로의 稅納은 그 종목이나 수량에 있어 대부분을 차지하고 있었다. 외방이 이러한데 비해서 화폐 유

---

250) 『中宗實錄』 권15, 중종 7년 정월 병인.

통이 적극 추진되었던 京中에서는 저화로의 납세 의무는 주로 工匠과 商賈에게만 부과되었다. 화폐가의 보증방안 중 주축을 과세를 통해 저화 용도를 마련하는 데 두었고 정부 物貨의 和賣와 같은 적극적 조치는 미미하였었다. 그러므로 一方, 그것도 대부분 농민 혹은 노비 등 하층민의 납세 부담에 의해 저화의 가격 유지와 그 유통이 강구되었던 것이다.

위에서도 이미 말한 바 있지만은 본고는 조선 초 화폐제에 대한 일면만을 취급한 것에 불과한 것이므로 화폐의 유통책 혹은 화폐제 실시 동기 등에 관해서는 다시 後稿에서 다루어 보겠다.

附篇

李朝人의 貨幣觀

1. 序言

이조시대에는 布·米 등의 현물화폐가 오랫동안 지배적인 일반적 等價 형태로 기능하였다. 이러한 태종 원년에 저화란 화폐가 발행되어 유통 수단으로 등장한 이래 세종 7년에는 卑金屬鑄貨 동전이 주조 발행되어 저화와 대체되었고, 세종 27년에 이르러 동전의 발행이 중지되고 저화가 재발행된 이래 대략 성종 말년경까지 그 유통이 꾀하여졌다. 그러나 그러한 저화나 동전은 이조의 절대적 정치권력으로도 끝내 가치척도 내지 유통수단으로 기능화하는 데 성공하지 못하고 항상 素材價値物貨幣인 布·米로의 후퇴가 반복되었다. 이러한 저화의 미발달은 종래 일반적으로 농업에 기초한 자급자족적 자연경제 단계에 정체됨으로 말미암은 사회적 생산력과 교환관계의 미숙 低度性이란 경제 요인이 그 근본적 계기가 되었다. 자급자족적인 자연경제를 고수하여 새로운 경제적 관계로 자기발전을 보지 못한 것은 이조의 특이한 집권적 봉건체제 하에서 전개된 농촌 사회의 잉여생산물(공산품 포함)의 過微, 지배층의 상공업자에 대한 억압·천시, 그리고 대중국무역에 의한 국내수공업 파괴 등 제요인에 제약됨으로써 잉여생산물의 상품화와 상품 유통을 전제한 수공업 발전이 저해되었음에 기인함도 또한 일반적으로 시인되어온 터이다. 그렇다면 이조 지배층이 저화 유통을 희구함에 있어 앞에 적은 여러 제약적 요인의 제거가 앞서야 한다는 역설적 이치가 이해되었던 것일까?

필자는 앞에서 이조 초기의 저화제에 대한 약간의 고찰을 시도한 바 있거니와 그때에 화폐제 실시 논의와 시행상의 방편을 통하여 군주와 정부신료, 그리고 국가적 시책을 호·불호 간에 받아들여야 했던 商人·工人層을 비롯한 일반민의 화폐에 대한 지식 또는 인식에 주목하였다. 화폐에 대한 지식이나, 인식 상태에 대한 관찰은 바로 앞서 제기한 의문에 대한 해답이 된다.

2. 富國

태종조 相臣 晉山府院君 河崙은 저화제의 실시를 獻議하여 "나라에 소용되는 物貨를 저화로 사들이고, 백성이 나라에 바치는 세금을 미곡으로써 한다면 가히 나라가 부하게 되리라"고 하였고, 그때의 大司憲 柳觀도 "저화는 나라에서 만드는 것이므로 무궁하며, 포화는 백성에게서 나오는 것이므로 유한이라, 저화로써 포화를 대신하게 하면 퍽이나 나라에 이익이 될 수 있다"고 하였고 성종조의 曹錫文은 "무릇 나라를 경영함에 반드시 錢幣를 통용하게 함으로써 비로소 나라의 재정이 넉넉하리라"고 하였다. 이와 같이 저화제 시행을 주창한 조정 대신들은 저화제를 국가 재정을 풍족하게 하는 '富國'의 방편이라고 생각하였다. 공납품을 소재로 하여 司贍署란 관서에 비치된 인쇄 혹은 주조도구와 징발된 役軍의 노력으로 수월하게 제조될 수 있었던 저화와 동전은 1張에 米 1斗, 1文

에 米 1升이란 소재 가치에 비해서 고액의 교환 가치가 부여되어 京都와 開城을 주된 유통 지역으로 삼고 민간의 布匹·미곡 때로는 金·銀 等屬과 교환·방출되었다. 민간의 화폐 수요를 위해 공급·방출되었을 뿐 아니라 국가 소용의 많은 화폐가 흔히 楮錢으로 買上되었고 세종 2년에는 모든 국용 물화를 저화로 매매할 것을 명한 바도 있고, 문종대의 실록 기사에는 각 관사가 지출 비용을 모두 저화로 지불하기 때문에 저화가는 천해졌다고 전하기도 한다. 실로 화폐는 "무용지물을 유용지물로 화하게 할 수 있는"(태종의 말) 이른바 '生財之門'(護軍 白環의 말)이었다. 화폐는 그러한 국용 물화의 조달 외에도 국가의 재정지출을 절감하기 위해서도 적극 활용되었다. 즉 종래 布·米로 지급되던 봉록·諸司奴婢月料工匠役價, 車價·進獻馬價·賞賜 등에 代給되었다. 이와 같이 "斂財賄하고 節財用할 수 있는"(司憲府의 말) 화폐는 이조의 수탈기구의 하나로 인식되었다.

3. 利權在於上

화폐가 나라를 부하게 하는 生財之門이라고 생각된 이상 그것은 큰 이권임에 틀림없었다. 태종 초의 大司憲 李詹이 "이권은 人主에게 속하는 것"이며 그러하기에 "잠시도 등한히 할 수 없는 성질의 것"임을 지적한 바 있거니와 따라서 "이권이 인민의 수중에 쥐어져 있어서는 불가"(河崙의 말)하다고 생각되었다. 인민의 손에 쥐어진 이권이란 백성의 손으로 제조되어 유통 수단으로 역할하였던 布米를 가리켜 말함이다. 柳觀이 "저화는 정부에서 발행되는 까닭에 국가 財用을 補塡함이 무궁하며, 포화는 인민에 의해 만들어지는 까닭에 그렇지 못하다"라고 하고 유통 수단을 포화로부터 저화로 換置할 것을 達議하고 있다. 즉 이것은 화폐발행으로 생기는 이득을 국가에 귀속하게 함으로써 국가 재용에 소용되는 포화가 貢賦라는 세납을 통해서 공급됨으로써 국가 재정이 자연 공납액에 의해서 좌우되고 제한되지 않을 수 없었던 불편을 해결하려던 생각이다.

화폐 발행권을 국가로 귀속시켜서 얻어지는 이익은 단지 국가재용의 넉넉함에만 그치는 것으로 생각되지 않았다. 태종 초의 司憲府 상소에 "國人이 산업을 영위해서 利를 얻되 오직 租賦를 納하여서 국가 재용에 이바지함을 알 뿐 이권이 人主에게 있음을 알지 못한다"라고 한 귀절이 있는데 여기서 이권이란 화폐의 이익이 국가 물자의 조달에만 그치지 않고 그 이상의 이익을 가져옴을 뜻한 것으로 해석된다. 그 이상의 것이란 다름 아닌 교환 유통에서 얻어지는 이익이다. 그것은 사헌부가 또 다른 상소에서 "화폐는 샘물과 같은 것이라, 때문에 화폐를 '泉'이라고도 부르니 어찌 화폐의 利를 폐할 수 있는가"라고 한 바에서 더욱 명료하다. 즉 유통 과정에서 얻어지는 이익을 말함이다. 교환 관계—상업 활동에서 화폐는 유통 수단이며, 교환에 의해 얻어진 이윤은 화폐로써 축적되며 축적된 화폐는 더욱 많은 부의 축적을 가능하게 한다. 태종조의 金汝知가 화폐제를 실시하고자 하는 목적은 "欲不令人操利柄"에 있다고 하였거니와 이는 바로 화폐를 매개한 상업 활동에서의 이윤 획득을 군주 아닌 타인의 수중에 둘 수 없다는 뜻이다. '操利柄', 즉 상업 활동에서 얻어지는 이윤이 재래의 布・米로부터 정부가 발행한 화폐로 대치될 때에 모든 이윤은 국가의 지배 하로 들어가게 된다. 토지를 지배함으로써 농업 생산품을 지배한 이조는 유통 수단을 지배함으로서 상업 이윤을 지배하려고 한 것이다. 布・米로의 교환을 금지하고 화폐만으로의 교환을 꾀한 이조정부가 一朝에 화폐의 무효를 선포하는 따위의 처사는 상업 활동에서 이윤의 완전한 수탈을 의미한다. 태종조의 경우, 同王 3년 9월에 저화제를 폐기할 때 민간 소유 저화에 대한 변상 조치가 전혀 강구되지 않았으며 이로 인해, "商夫 販婦로 하여금 무역의 資를 탕진"(사헌부의 말)하게 하였음은 그 좋은 예이다. 상업 활동에서 결과되는 이윤은 국가의 一條 법령으로 無로 돌아갈 수 있었으니 이와 같이 화폐를 통하여 국가는 상인의 死命을 누를 수 있었다. 이런 즉 화폐는 상업활동에서 집적되는 잉여 생산품에 대한 철저한 수탈을 가능하게 하는 이권이요 수단으로 인식되었다. 이조는 건국 초에 都評議使司를 폐하고 의정부를 두어 정권을 歸一하게 하고 私兵을 革去하여 병권을 통일하고, 사전을 개혁하여 토지국유제를 실현함으로써 정치・군사・경제에 걸친 집권적 체제를 정비하였다. 화폐라는 중대한 이권이 인민의 수중에 맡겨진 채로 있음은 집권화에 어긋나는 일로 의당히 "貨幣之權 在乎國"이요, "利權在於上"(세종의 말)한다고 위정자에게는 생각되었다. 화폐제는 중앙집권정책의 일환으로서 그 중요성이 인식되었다.

4. 務本抑末

'操利柄'하여 利를 얻는 자의 으뜸은 상업을 전업으로 하는 상인이다. 수공업자인 工匠은 직접적 생산자인 점에서는 농민과 같으나 생산품을 상품화함으로써 생계의 資를 얻는 점에서는 상인과 동일했다. 따라서 공장은 생산자이면서 동시에 상인이었다. 때문에 成宗朝 弘文館副提學 安琛이 "器皿을 作하고 貨財를 무역하여서 이득을 얻어 그로써 衣食하는 자가 工商"이라고 한 바와 같이 상인과 공장을 다같은 직종으로 보았다.

상인은 이조 국가의 農本策에 역행하는 游手之徒로 지목되어 천시와 억압이 가해졌다. 이조는 국초로부터 京都에 시전(大市)을 개설하고 小市를 마련하였다. 하지만 그러한 상업 시설은 상업의 발전을 목표한 것이 아니며, 시전은 궁정 및 정부 6조의 수요에 資하기 위함이었고, 소시는 坊民의 생필품 수요에 응하기 위함이었다. 상품 경제의 발전이 안중에 없었음은 지방에서의 시장 개설을 극력 금지한 것으로도 반증된다.

화폐의 발행과 동시에 경도나 개성에서의 物貨 거래에서 布·米에 대신하여 화폐로의 교역이 강요되었다. 그럼으로써 상품의 출시가 두절되는가 하면 市人은 斗升의 미곡 貿得조차 어려워 기아에 허덕이는 사태가 야기되었을 뿐 아니라 화폐를 쓰지 않는 犯禁者의 속출로 민심의 동요를 자아내었다. 정부의 화폐 발행은 계속 증가하고, 유통은 정체하는 추세였다. 이러한 화폐가의 低落을 저지하게 하는 비방으로 화폐로의 징세책이 강구되었다. 새로 설정된 稅種은 주로 상인·工匠을 대상으로 한 것이었다. 坐賈稅, 行商稅, 行廊稅, 布帛稅, 着稅, 工匠稅 등이 바로 그것인데 세액 또한 과중한 것이었다. 태종조 의정부 上啓에 의하면 이러한 重稅의 부과로 인해 閭里巷市는 모두 물품을 거두어 도망쳐 숨어버리고 말았다고 한다. 태종조 左司諫大夫 柳伯淳은 "農夫가 날로 줄고 商賈가 날로 늘면 1인이 경작하여 10인 仰食하게 되니 어찌 國廩이 裕할 것이며 民食 또한 어찌 足할 수 있겠는가 …… 그러니 상고에게는 重稅를 과하여 務本抑末의 治를 이룩하여야 한다"라고 하고, 세종조 司諫院 上啓에서도 "至今 상고에게 收稅하는 법이 법전에 소상하여 抑末의 뜻을 나타냄이 지극하다"라고 하는 등 重稅 부과의 목적이 무본억말에 있음을 말하고 있다. 화폐에 의한 국용 물질 조달책으로 말미암아 한 조각의 紙張銅塊에 불과한 무용지물과 그들의 가용 물화가 교환·수탈되고, 그 한 조각의 무용지물이나마 다시 과세에 의해 환수된다면 상인의 수중에 남는 것은 과연 무엇이었겠는가? 이토록 화폐가치 하락을 방지함으로써 화폐의 興用을 이룩한다는 重稅賦課策이 상인의 활약을 저지하는 방편으로도 생각되었다.

경도의 시전은 "政治의 本은 농업에 있으며 末利(상업)를 逐求하는 자가 많아지면 시전으로 하여금 이를 금지하게 한다"라는 태종의 말에서 극히 명백하듯이 상품 경제의 발전을 억제 속박하는 기능을 아울러 지닌 것이었다. 경도의 시전에 대한 위정자의 인식이 이러하니 성종조까지만 해도 務本抑末의 견지에서 지방 장시의 개설이 극력 금지되었음은 당연한 귀결이었다. 성종 원년의 실록 기사에 '場門'이라 호칭된 자연발생적인 시장이 전라도 지방에서 발생하였으나 당국은 금압 정책으로 일관함으로써 상품 경제의 발전 계기를 말살하였다. 시장 개설을 허용한다면 '棄本逐利', '捨本逐末' 혹은 "不事農業 以避本役"의 경향을 조장함으로써 '務本抑末'의 治國大本을 위태롭게 한다고 생각하였다. 성종 19년 전라도 관찰사로 재임하던 金宗直은 도적 興行이 場門 개설에 기인한다고까지 하여 장시의 금압을 獻議하였다. 그런 때문에 장시에 모이는 자를 가리켜 '不良之輩' 혹은 '無賴之徒' 혹은 '遊手之徒'니 하여 천시하고 犯罪者視하였다.

이토록 시전을 상품 유통 발전의 방지책으로 인식하고 지방 장시 개설을 극력 금압하고 상인을 극구 천시하면서, 이조의 위정자는 화폐 유통을 희구하였다. 성종 초에 申叔舟가 "京城 외에는 市舖가 있는 곳이 없으니 화폐가 있으되 무엇에 쓰일 것이며 화폐의

興行을 꾀하면서 그 근본을 考究치 않으니 화폐는 오히려 백성을 괴롭히는 법밖에는 될 것이 없다 …… 그러므로 화폐 유통은 지방에 市舖 개설을 허용하여야 비로소 가능한 일이다"라고 하고 자연적인 장시 개설의 기운을 꺾은 당국의 처사를, "천재일우의 호기를 놓쳤으니 애석하다"하여 탄식하였음도 당연하였다.

5. 鈔鈔

성종 초에 經筵官 金紐는 저화를 백성이 즐겨 쓰지 않는 까닭이 오로지 저화의 용도가 넓지 못하기 때문이라고 하였듯이 저화—동전의 경우도 같음—로는 원하는 物貨를 제대로 살 수가 없었다. 때문에 화폐는 유통이 정체되는 반면에 정부 수요 물화 買上 기타 정부지출에 의한 화폐 발행량은 계속 증가됨으로써 화폐가는 격심한 低落相을 나타내었다. 저화의 경우를 예로 들면 15·6張에 米 1升이란 賤價가 되더니, 성종 4년 10월의 大司諫 鄭佑에 의하면 2·30張을 주고도 米 1升을 貿得할 수 없는 형편에 이르렀다고 한다. 저화의 크기는 대략 당시의 楮注紙(長 1尺 6寸, 廣 1尺 4寸)나 楮常紙(長 1尺 1寸, 廣 1尺)의 크기와 같았던 것으로 추정되는데 태종조의 紙價는 米 1升에 6張이었으니 저화가는 원료 紙價에도 미치지 못하는 상태에 다다른 것이다. 화폐가치의 低落이 이토록 過甚하고서야 일반 민의 화폐에 대한 신용을 얻을 수 없으며, 그러한 화폐의 소유는 바로 손실을 의미하게 된다. 문종대에 의정부는 "한 번 정부에서 방출된 화폐는 다시 정부에 환수되는 일이 없으니 화폐가 賤物이 될 수밖에 없고, 따라서 興用치 않게 된다"라고 하고 적절한 환수책을 강구할 것을 말하고 있으니 화폐가의 유지를 발행량 조절로 이룩하여야 한다는 생각은 화폐제 시행 전기간을 통해 강조되었다. 화폐의 용도를 넓히고 겸해서 화폐량의 조절 방도로서 마련된 주된 시책은 화폐로 징세하는 종목을 확장하는 방안이었다. 앞서 말한 상인·工匠에 대한 신설 세목 외에도 家基稅, 科田稅, 才人·禾尺稅, 歲貢楮貨, 巫女業中稅, 各司奴婢餘貢楮貨, 水鐵匠稅 등이 신설되었고, 戶布, 奴婢身貢 등의 화폐 대납이 시행되었다. 신설 세목은 皆擧 상인, 공장재인, 화척, 무녀, 노비 등 하층, 천민층에 부과되었다. 歲貢楮貨나 戶楮貨 등은 지방 농민의 부담이었는데 지방에서의 화폐 求得難에서 오는 대납 혹은 遠路赴京하여 화폐를 貿得하는 데서 태생한 불편과 손실이 여간하지 아니했다. 이들 화폐로 新稅를 부담하는 층은 租稅·貢賦·力役 등으로 그들의 생산품을 수탈당하기도 하고, 또는 국용 물화의 買上으로 수탈되고, 다시 買上代價로 지불된 화폐까지 세금으로 還徵되고도, 그들 수중에 남는 화폐로는 물화의 貿得이 어려웠으니 그들은 더욱 빈곤해 질 도리밖에 없었다. 『世宗實錄』의 다음과 같은 기사가 저간의 소식을 전하여 준다. 權踶가 하루 判府事 卞季良과 시중을 지날 때 市人이 계량에게 무릎 굽혀 "相公이 上에게 청하여 錢禁을 해제토록 하였으니 참으로 고맙습니다"라고 하니 계량이 제를 가리키며 "그렇게 한 것은 내가 아니라 이 분이다"라고 하자 市人은 "나를 살린 분이 바로 이 분이다"라고 傳呼하며 감사하였다.

　저화나 동전의 유통책이 준 혜택은 상인·공장을 위시한 하층민의 빈곤을 한층 더하였을 뿐이었으니 세종조 집현전 直提學 李季甸이 "閭巷에서는 저화가 발행되면 '鈔鈔'하다는 말이 나돌게 되었는데 초초란 빈곤의 뜻을 형언한 諺語이다"라고 하여 백성이 화폐를 몹시 두려워했음을 말하고 있다. 이조의 일반 민에게 있어 저화는 부의 축적 수단이 아니라 '초초' 즉 빈곤의 가중으로 인식되었다.

6. 結語

이조 위정자에게 있어 화폐는 국가 재정을 補塡·충족하게 하는 生財之門으로서 이른바 '富國'의 중요한 방편이요 이권이라 생각되었다. 그러므로 民供에 의한 재료와 司贍署의 도구만으로 창조된 화폐는 액면 가치가 소재 가치에 비해 월등 고액으로 매겨져 종전의 布·米에 대신하는 유통수단으로 등장하여 국용 물화의 買上, 정부지출의 절감 등에 적극 이용되었다.

화폐가 부국을 위한 生財之門일 수 있는 이권인 까닭에 그것의 제조·발행과 유통 과정에서 샘물과 같이 얻어지는 이익을 인민의 수중에 남겨 둘 수는 없는 것으로 의당히 君主(利權在於上)에게 귀속하여야 한다고 생각되었다. 교환 관계 즉 상업 활동에서 결과되는 이윤이 한 조각의 紙張이나 銅塊에 불과한, 소재 가치를 지니지 않는 화폐로 얻어질 때 거기에 축적된 부는 국가의 一條 法文으로 능히 무로 돌릴 수 있었다. 실로 화폐는 상업활동에 의해 축적되는 잉여 생산품의 최후의 一片마저를 지배할 수 있게 하여서 토지 국유제에 의한 생산품에 대한 지배와 아울러 경제적 통일과 중앙집권화를 달성하려고 한 것이었다.

화폐로의 국용 물화의 買上과 상업 활동에서의 화폐 사용 강요는 상품 유통을 저해하고 상인의 財富를 국가 권력에 예속하게 함으로써 상인에 대한 수탈을 강화하였다. 이런 까닭에 화폐제 시행은 상품 경제를 발전시키기는커녕 오히려 그것을 위축하게 하는 힘으로 크게 작용하였다. 정부에서 방출된 화폐량의 증가에 따르는 화폐가치의 低落을 방지하기 위한 화폐 환수책으로 많은 고액의 세목이 신설되었고 그 과세 대상은 주로 상인과 공장이었다. 이들에 대한 고액 과세는 화폐가치를 유지함으로써 그의 興用을 꾀하자는 외에 상업 억압, 이른바 '務本抑末'의 방편이기도 하였다. 京都의 시전이 상업활동의 팽창을 방지하는 데 기능하였음이라든지 지방장시 개설이 극력 금지되었던 사실과 견주어 볼 때 이조의 위정자들은 상인에게 대한 수탈을 강화하고 상품 경제의 발전을 저지하면서 화폐의 유통을 희구하였고 또 그렇게 함으로써 화폐의 원활한 유통이 가능하다고 생각하였다. 이는 화폐 경제에 대한 이해의 미숙성을 露呈한 것이다.

화폐가 잉여 생산품의 마지막 一片까지를 흡수하고 상인 내지 상업 활동의 저지 방책으로 인식되고 또 그것이 실천화되었던 까닭에 일반 민에게 있어 화폐는, 국가가 生財之門이라 생각하였던 것과는 반대로, 빈곤을 加動하게 하는 것이라고 생각되었다. 화폐는 부의 축적수단으로써가 아니라 '鈔鈔' 즉 빈곤의 상징으로 받아들여졌던 것이다.

제4장 安興梁漕渠考

1. 序言

漕運은 토지 국유제의 집권적 특질에서 연유한 납부 형태인 만큼 국가 및 王都의 생명선이다. 조운을 제반 국사 중 最重事라[1]하고, 그것 없는 국가를 생각할 수 없었던[2] 까닭도 여기에 있었다. 그러므로 국가는 조운의 정상적인 운행을 위해 세심한 주의와 가능한 노력을 경주하였다.

고려말 왜구의 跳梁으로 말미암아 유명무실하게 되었던 조운제는 이조 건국 후 대왜구 경비책 강화와 병행하여 그 부활 정비에 진력함으로써 정상 운행이 가능하게 되었다. 그리하여 畿內와 京邑 근방 諸邑은 京倉에 直納토록 하였으며, 기타 諸道는 관할 조창에 수납하게 한 후에 경도로 轉運하게 되었다.[3]

조운에는 水運과 海運의 구별이 있어 전자를 站運이라고도 한다. 수운이건 해운이건 그 운영에 따르는 많은 폐해가 파생하였다. 제도상이나 운용상의 不備로 말미암은 폐해나, 인위적인 면에서

---

1) 『增補文獻備考』 권157, 財用考4 漕運, "右議政金堉 箚曰 漕運國事之最重者也".
2) 『孝宗實錄』 권18, 효종 8년 6월 계유, "上曰 漕轉若絶 則何以爲國".
3) 『磻溪隨錄』 권1, 田制上 漕運.

태생한 폐해 등은 각기 시정될 여지도 있다. 하지만 수상에 久留하는 까닭에 江河나 해양의 형세, 그리고 日候 등 자연 환경으로부터 받는 폐해를 제거하기란 좀체로 용이한 일이 아니다. 그러한 자연 환경으로 말미암은 폐해는 수운보다 해운의 경우가 훨씬 더하다.

해운에 있어 예기치 않았던 풍랑의 엄습 따위로 말미암은 돌발적인 해상 사고는 차치하고, 조류의 빠름이라든지 해저의 기복이 심하다든지 혹은 海中砂積層의 이동이 無常하다든지 하는 항구적인 특수 지역에서의 해난 사고는 그 대책이 극히 難事이다. 이러한 위험 해역에서의 漕船의 파선 침몰은 稅米 손실, 漕卒 溺死, 漕船 상실 등의 폐해를 수반하게 마련이고, 또 그러한 폐해에는 致敗米荳의 再徵, 漕卒의 진휼 충보, 그리고 조선의 조달 등으로부터 오는 폐해가 뒤따를 수밖에 없었다.

조운 해로 중에서 가장 험난한 곳으로 손꼽혔던 곳이 安興梁이다. 안흥량은 삼남 稅船이 필히 통과하여야 하는 행선로 상에 위치하였는데 이곳에서의 조선 敗沒은 연례행사와 같이 잇달았다. 그로 인한 種種의 폐해는 실로 전라도의 巨弊로 지목되기도 하였다. 그리하여 이 안흥량 대책이 이미 고려 중엽부터 문제되어 차후로 이조 후기에 이르기까지 오래도록 그 해결책에 부심하였다.

이제 본고에서는 그토록 오랜 시일을 두고 안흥량 대책이 거론되지 않을 수 없었던 사정을 더듬어 보면서 안흥량 대책으로 강구된 방안을 해명 검토하려 하며, 이러한 작업을 통해서 이조 조운제의 一班이나마 이해하고자 한다.

2. 安興梁 一帶의 形勢

안흥량은 일명 難行梁, 安行梁, 安恒梁, 安行渡 등으로도 불리었다.[4] 현재의 충청남도 서산군 近興面 安興 前洋 일대에 해당한다.[5] 新津島를 사이에 두고 동쪽을 內洋, 서쪽을 外洋으로 가름하며, 내·외양의 북상 수로가 합치는 곳이 關障項(官首角 또는 冠犬項이라고도 함)이다.[6]

이 안흥량 일대는 우리나라에서도 가장 해안선의 출입이 심한 곳의 하나로 安眠島 남단에서 북쪽 大山半島에 이르기까지 반도 岬角 灣入으로 연속되어 있고, 연안 전역에 걸쳐 다수의 대소 도서

---

4) 『東國輿地勝覽』(권19, 泰安縣 山川條)에 의하면 古稱은 難行梁이며 조선의 敗沒이 빈번함으로 安興梁이라 개명하였다도 하였다. 고려 및 이조 태조대까지는 安興梁이라고만 전하는데(『高麗史』 권116, 열전29 王康傳 ; 『太祖實錄』 권7, 태조 4년 5월 기유) 태종 이후로 安行梁(『太宗實錄』 권7, 태종 4년 3월 계축), 간혹 安行渡(『成宗實錄』 권216, 성종 19년 5월 무자), 安恒梁이라고도 불리었다(『中宗實錄』 권43, 중종 17년 정월 병진). 본고에서는 『增補文獻備考』(권33, 輿地考21)에 준하여 安興梁으로 통일하였다.

5) 『高麗史』 권16, 世家16, 인종 12년 추7월 을해조에 "……以安興亭下海道 爲衆流所激 又有岩石之險 往往覆舟"이라 하였는데, 安興亭(現今의 新津島에 소재하던 客舍 <『韓國西海島嶼』 國立博物館特別調査報告 참조>) 근해는 항해상의 險處로 『太宗實錄』 권24, 태종 12년 11월 정유조에 "薄堤在忠淸泰安郡之西山脊夾 而長直抵海中幾數息 水路險阻 名曰安興梁"이라 하였듯이 안흥량이라고 불리었다.

6) 『東國名山記』 湖中山水 安興津條에 "由泰安郡 而抵安興鎭 鎭城據山頂 …… 前有侯望峯 凌虛臺在其頂 …… 城西有險礁 曰關障項也 附近航路 由凌虛臺之內 則曰內洋 由凌虛臺地外 曰外洋 洋內外之路 會于關障項 每潮盛而得過 不然輒覆敗 此安興鎭之所由設也" ; 『萬機要覽』 財用篇2 漕轉條에 "漕路之險者 有安興之冠丈項"이라 기록하고 있고 5만분의 1 지도(삼능공업사 발행)에는 官首角이라 보인다.

가 점재하여 있는 전형적 침강 해안 지대로 해저의 기복 또한 심하다. 海中 곳곳에 솟구쳐 있는 岩角은 行船을 위험하게 했으며,[7] 조수의 順流를 가로막았다. 특히 안흥량은 그러한 지형상의 변화가 심한 데 더하여 潮勢가 또한 강하였다.[8] 억센 조류가 海中 岩角이나 도서에 부딪쳐 소용돌이치는 곳이 바로 안흥량이었다.[9]

이러한 안흥량의 지형에 더하여 심한 조석 간만의 차는 더욱 행선에 곤란을 주었다. 간조 시에 서해안 일대에서는 해안에서 해양쪽 깊숙히 넓은 해역이 갯벌로 변하는 것을 볼 수 있다. 특히 만입처는 그 도가 심하며, 육지로부터 흘러드는 하천의 水流가 갯벌에 한 줄기 수로를 열어 가늘게 흐를 뿐 灣內는 갯벌로 뒤덮인다. 안흥량과 加露林灣 그리고 淺水灣의 大牛浦 부근 이북의 전 지역이 갯벌로 변모한다.

이와 같이 수위 감축 현상은 선박 운항을 크게 저해하는데, 특히 연안에 근접해서 왕래하던 漕船의 경우에는 行船에 많은 지장을 주었으리라.[10] 이러한 연해 漕路 중에서도 간조 시에 안흥량을 통

---

7) 『世宗實錄』 권19, 세종 5년 정월 임인, "同知摠制李恪上言 忠淸全羅道
　漕運時敗船 皆由水中巖石與積沙之處".

8) 『中宗實錄』 권81, 중종 31년 4월 갑오, "特進官藩碩枰曰 臣曾經忠淸全
　羅兩道觀察使　雖不親歷其地(謂安行梁也地屬忠淸而全羅道租稅漕運之
　路) 聞之則詳其處 …… 安行梁則水勢尤廣".

9) 『高麗史』 권16, 世家16, 인종 12년 추7월 을해조에 "…… 以安興亭下
　海道 爲衆流所激 又有岩石之險"이라고 하였다. 安興亭의 소재는 현재
　의 新津島 西岸 新津島里로 비정되며, 衆流所激이란 大安興灣에서 外
　洋으로 外洋에서 大安興灣으로 흐르는 해류가 안흥량 일대의 도서 사
　이에서 서로 엇갈려 부딪침을 표현한 것으로 보인다. 암석이란 수중
　암석으로 『增補文獻備考』 권33, 輿地考 泰安條에 "安興梁 …… 海底
　多石 水路危險"이라 보인다.

10) 『增補文獻備考』 권35, 輿地考23 關防11 海路1. 서남해로의 京都로부

과한다는 것은 극히 위험한 노릇이었다.[11] 그러므로 안흥량을 통과하자면 만조 시를 기다리지 않을 수 없었고[12] 또한 만조라도 그 시각이 일몰 전이나 후이면 야행을 피해야 했을 것도 아울러 생각된다. 이와 같이 심한 조석의 진퇴상은 행선을 시간적으로 제약하였다.

그러한 시간적 제약은 계절적인 天候 변화로 말미암아 더욱 가중되었다. 천후 변화 중에서 풍랑의 險順은 조운에 있어 무엇보다 주의깊게 고려되어야 했다.[13] 1년 중에서 6·7·8월과 10월 상순 이후는 風險濤惡하여 행선이 어려우며, 風順日和하여 행선하기에 가장 적합한 시기는 2·3·4·5월과 10월 상순 이전으로 6·7개월 간에 불과하다.[14] 물론 漕船의 운항은 적기만 택해서 행해졌던 것

터의 南行路中 黃金島(충청남도 서산군 대산면 북단)에서 元山島(충청남도 보령군 오천면 안면도 남단) 사이의 漕路만을 摘記하여 보면 다음과 같다. "左夾黃金島萬大嶼倉浦 右夾加五里島花似島 左夾禿津浦 分至草所斤浦鎭 右夾黑島賈誼島官長嶼 左夾葛項島安興鎭痲島 右夾鼎足嶼隱嶼 左夾竹島鏡島草 右夾三島己助島狎喜島 左夾安眠島項界草外島 右夾凡巨島活島杖鼓島 左夾沙浪嶼元山島 右夾故道島揷是島".

11) 『增補文獻備考』 권157, 財用考4, 漕運條에 "右議政金堉箚曰 …… 兩湖民命在於利涉湖南之路 臣不得以熟諳 至若湖西 臣所目擊瑞山泰安之地 走入西海 爲安興之東峽 兩南稅船飛帆到此 日暮道遠 風力已盡 潮退水淺 觸石而碎 此誠湖海之瞿塘"이라 했듯이 간조 시의 행선은 극히 위험하였다.

12) 『萬機要覽』 財用編2, 漕轉條, "漕路之險者 有安興之冠丈項 …… 故運漕者 至此三處 必待潮盛 水之積也厚 然後始敢行舡".

13) 『太宗實錄』 권24, 태종 12년 11월 갑신조에 "議漕運法 右軍同知摠制洪有龍上書曰 漕運國家之大務也 …… 臣嘗備員全羅水軍節制之任 各浦要害之處 風水險順之由盡知之矣"라 했듯이 조운을 관장하는 관원은 風水險順을 숙지하여야 했으며, 만약에 節候를 不審하여 覆沒하게 했을 때에는 처벌되었다(『太宗實錄』 권28, 태종 14년 8월 갑진).

14) 『太宗實錄』 권28, 태종 14년 8월 갑진조에 "七月行船 古人所忌 先是

도 아니며, 실제 문제로 적기 외의 운행이 불가피했다.[15] 하지만

戶曹移文云 七月晦時載船 八月初發送 水軍都節制使鄭幹 從移文 以致
此災 上怒曰 戶曹雖不審節氣早晚 刻期移文 今年則七月節候 盡於八月
十四日 奉行者不能審處 若尾生之抱柱 其令幹騎私馬上京 上曰 七月行
船 曾有敎禁 鄭幹不審節候 以致覆沒 …… 其代鄭幹者 須擇能者薦之"
라 했듯이 7월 행선은 금지되었었고, 月曆에 따라 7월 節候가 8월에
접어드는 수도 있었다. 6월은 '大雨時行'(『高麗史』 권51, 志5 曆 氣候
條)의 季節로 『承政院日記』 제212책, 康熙 8년(현종 10년) 정월 초10
일 갑진조에 "(右議政)(許)積曰 …… 全羅稅船 旣載之後 不肯卽發 遲
滯中間 上納期限已追之後 始爲上來 …… 又値雨潦之節 江上水漲 駛
急大舡 不利於運行 所以多敗也 …… 十萬石之米 轉運載來勢將自春至
秋 而不能避潦雨之節 故臣愚以爲敗船之患 尤多也 …… 上曰 夏潦之
時 有敗舡之患則奈何 (閔)鼎重曰 若慮此患 則過潦後載來似可矣 上曰
過潦之後 便是風高之時也 積曰 若欲說倉 則過潦而止 遇風而止 臨時
善處可也"라는 기사에서와 같이 장마철의 행선은 피해야 했다. 『世宗
實錄』 권106, 세종 26년 10월 갑인조에 "(上)仍謂(戶曹判書)(鄭)苯曰
常慮漕轉之事 未得其要 …… 今尹得洪 漕轉在十月上旬前 則無敗覆之
患 然或有敗沒之時"라 하였듯이 10월 상순 전이라 하더라도 그리 行
船適期는 아니었으니 "全羅道漕船 年年失時 忠淸道二運 漕轉尤晚 每
當秋節 風高濤惡 空船回泊 比比傷敗"(『成宗實錄』 권21, 성종 3년 8월
정축)라고 하듯이 풍랑이 심한 절후였다. 그리고 10월 상순 후 즉 冬
節은 江河의 氷合으로 조운은 자연 멈춰지게 마련이다. 그러므로 4계
중 행선 적기는 "當四五月風順之時 役下番船軍 …… 可輸"(『太宗實
錄』 권24, 태종 12년 11월 갑신), "每於寒食前漕運 則庶無沈失之患"
(『成宗實錄』 권216, 성종 19년 5월 무자) 혹은 "於四五月內一二度畢運
而無七月遭風之患"(『太宗實錄』 권28, 태종 14년 8월 무오)이라 함과
같이 2·3·4·5월뿐이었다. 『續大典』(권2, 戶典 漕轉條)에 漕運期를
2월에서 5월까지로 규정한 까닭도 이에 근거한 것으로 생각된다.

15) "議政府啓 …… 今年全羅道漕轉 節晚發船 傷敗者頗多"(『世宗實錄』
   권102, 세종 25년 11월 을해) 혹은 "大抵漕轉船敗 實由節晚之致然也"
   (『世宗實錄』 권112, 세종 28년 5월 신묘)라고 하듯이 節晚 즉 漕運期
   를 지나서 조운되는 수가 많았다.

안흥량과 같이 풍랑이 억세고 항로 지세가 험난한 곳에서는 그러한 계절적 부적기가 크게 행선을 저해했을 것으로 믿어진다.

안흥량은 위에서 보아온 바와 같이 험난한 지세와 풍랑의 험악에 더하여 서해의 심한 간만 차와 계절적인 天候의 변화가 겹쳐 조선의 왕래를 지극히 어렵게 하였고 또 행선에 많은 불편과 제약을 주었다.

3. 漕運路로서의 安興梁

1) 三南稅米의 漕運과 安興梁

그토록 위험한 안흥량을 필히 경유하여야 하는 漕船은 이조 국초에는 영남과 호남의 양도 조선이었다. 前朝 고려는 12조창을 두어 남도 세미를 조운하게 했는데, 德興·興元 兩倉을 제외한 여타 10창이 모두 海倉임과 같이 조운은 해운이 주였다. 그런데 여말 왜구의 창궐로 해운은 전폐되다시피 되고 陸運에 의존할 수밖에 없게 되었다.[16] 이조 개국 후 대왜구 경비책이 강화됨에 따라 왜구의 跳梁이 稍息됨으로써 다시 남도 세미를 해운하게 되었다.[17] 그러나 海船의 覆沒이 빈번히 일어났으므로 정종 원년 秋에는 또다시

---

16) 『高麗史』 권80, 식화1 녹봉 공민왕 6년 9월조에 "頒祿時 因倭寇 漕運 不通 九品祿科不給"이라 하였고 다시 同書 권39, 世家39 공민왕 7년 4월 정유조에 "倭寇韓州及鎭城倉 全羅道鎭邊使高用賢 請徙沿海倉廩於 內地 從之"라고 보인다.

17) 『太宗實錄』 권2, 태종 원년 8월 무오조에 "命南界之賦 皆令水運 檢校 漢城尹朴惇之上疏日 貢賦之輸 自三韓以來 皆由海道 南民便習舟揖 不 知其弊 自倭寇之亂 乃定陸轉之策 …… 開國以後 倭寇稍息 復令海運 貢賦之入倍焉"이라 하였다.

육운으로 환원하였다.[18] 하지만 육운은 해운보다 그 폐해가 더하였으므로 태종 원년부터 경상도 上道 주현을 제외한 삼남 지역은 재차 해운토록 되었고,[19] 이듬해 6월에는 삼남의 稅貢米豆 총 102,300여 석이 조운되었다.[20] 당시의 慶尙下道의 조운 세미는 40,000여 석이었는데 그 해 조운 시에 該道漕船 34척이 풍랑으로 敗沒하여 1,000여 석의 船軍이 익사하고, 損米 10,000여 석을 헤아리는 해난 사고가 발생하였다.[21] 이것이 계기가 되어 慶尙道下道 稅米의 陸輸案이 논의되었고,[22] 한편으론 科田의 반을 慶尙下道로 移給하자는 의론이 대두되었다.[23] 科田 移給 議는 사전의 폐를 재현하게 할 우려가 있다는 이유로 罷議되고 同月 정사에 다시 陸運하게 하기로 결정하였다.[24]

　이로부터 조운은 전라·충청 양도만으로 한정되었다.[25] 그런데 원래 충청도의 각 주현 세미는 牙山貢稅串倉으로 陸輸되어 그곳에

---

18)『太宗實錄』권2, 태종 원년 8월 무오, "檢校漢城尹朴惇之 上疏曰 ……
　　開國以後倭寇稍息 復令海運 貢賦之入倍焉 己卯(定宗 元年 : 필자주)
　　秋有議 屢値風波 人多殞命 爲不便 南界之賦 復爲陸轉 不數年間 其弊
　　有甚於水運 伏望復擧漕轉之議 下議政府 三府同議上疏曰 …… 慶尙道
　　上道州縣 在前陸轉外 皆令海運 …… 兪允".

19)『太宗實錄』권2, 태종 원년 8월 무오.

20)『太宗實錄』권3, 태종 2년 6월 계축.

21)『太宗實錄』권5, 태종 3년 6월 신해, "慶尙道下道漕運之數 不過四萬餘
　　石" ; 권5, 태종 3년 5월 신사, "慶尙道漕運船三十四隻 沒于海中 人死
　　者甚衆".

22)『太宗實錄』권5, 3년 5월 병오 ; 권5, 태종 3년 6월 경술·신해·임자.

23)『太宗實錄』권5, 3년 6월 임자.

24)『太宗實錄』권5, 태종 3년 6월 정사, "命慶尙道租稅陸轉 從河崙之議
　　也".

25)『中宗實錄』권56, 중종 21년 2월 정축, "領事權鈞曰 …… 我國漕運 只
　　全羅忠淸兩道耳".

서 다시 해운되었던 터이므로 유독 전라도 조선만이 안흥량의 위험을 무릅써야만 했다.26)

　전라도의 세미는 일단 龍安 德成倉, 靈光 法聖浦倉, 羅州 榮山倉에 수납됐고, 이곳에서 京倉으로 轉運되었다.27) 전라도에서 京都로 조운되는 세미는 年登 如何로 차이가 있었겠지만 국초에는 70,000 내지 90,000석 정도였고, 그 후로 점차 증가하여 中宗代에는 100,000여 석에 달했다.28)

　임진란 후로 경상 및 충청 양도의 연해 諸邑이 私船에 賃載하여 경창으로 직납하는 일이 통례가 됨으로써 자연 안흥량을 통과하는 漕船의 수효가 증가하였고,29) 또한 大同法의 시행도 겹쳐 조운 稅米의 수량도 급증하였으니 顯宗代의 每歲 三南稅米(湖西·湖南 沿海大同米, 三手米, 奴婢貢作米, 御營保米 등 포함)가 160,000석에 달했었고, 그 중 대부분이 안흥량 수로를 거쳐 조운되었다.30)

---

26) 충청도 전세는 忠州可興倉外에, 公州牧 洪州牧 管內 군현 세미는 沔川 犯斤乃浦倉으로 수납되었는데 成宗 9년에 貢稅串倉으로 이전하였다(『東國輿地勝覽』 권39, 忠淸道 沔川郡 山川條). 그러므로 안흥량을 경유할 필요가 없었으니 『太宗實錄』 권28, 태종 14년 8월 갑진에 "忠淸漕運皆輸沔川 不由安行梁 獨全羅漕運 必由是梁"이라 보인다.

27) 『經國大典』 권2, 戶典 漕轉.

28) 『太宗實錄』 권24, 태종 12년 11월 갑신 ; 권26, 태종 13년 8월 병진 ; 『中宗實錄』 권65, 중종 24년 4월 신미 ; 권75, 28년 6월 계미.

29) 『磻溪隨錄』 권3, 田制 後錄上 漕運條에 "近世以來 沿海邑不納於漕倉 而賃私船直運於京"이라 하고 그 유래를 "蓋出於丁酉亂後"라고 하였다. 주 30) 참조.

30) 『備邊司謄錄』 제28책, 현종 10년 2월 초10일 '安民倉事目'중에 "每歲 戶曹上納三南稅米 三手米 奴婢作貢米 御營保米. 通共十一萬六千石是 白乎旀湖南沿海大同收米四萬石 湖西沿海大同收米一萬石 合以計之 則 當爲十六萬石是白在果群山法聖漕船及其他賃載上納之船　四月晦日前 過元山前洋者 許其直納京倉 則五月以後 御下於南倉之數 不過六七萬

이와 같이 안흥량은 삼남 세미의 조운 요로에 위치하였다. 시대에 따라서 復廢가 거듭된 영남·호서와는 달리 호남의 조선만은 이조 개국 이후도 줄곧 이곳 안흥량의 險處를 왕복해야 했다. 그리고 비록 영남·호서의 세미가 조운되었다 할지라도 그것은 연해 혹은 下道 주현이란 該道의 일부 지역 세미에 不夘했으므로 안흥량을 통과하여 운송되는 세미는 그 대부분이 또한 호남 세미였다.

2) 安興梁에서의 海難

위와 같이 안흥량을 반드시 거쳐야만 했던 것은 전라도의 漕船이었다. 충청도는 그 동부 지역은 忠州司興倉으로, 기타 지역은 牙山貢稅串倉을 통하여 京倉에 조운함으로써 안흥량의 위험을 회피할 수 있었고, 경상도는 京都에서 最遠의 지역임에는 전라도와 다를 바 없으나 낙동강과 한강을 이용할 수 있는 수운의 便이 있었다. 이러한 양도에 비해서 전라도는 육운, 수운 어느 편이건 적용될 수 없었고 오직 해운에 의존할 수밖에 없었다. 그러므로 해난의 피해를 가장 많이 받았던 것도 전라도였다.

이조 개국 직후인 태조 4년 5월 기유에 경상도 조선 16척이 遇風沒水한 것이 실록에서 최초로 보이는 안흥량에서의 해난 사고이다.[31] 이후 태종 14년 8월 갑진에는 66艘의 전라도 조선이 潒沒하여 漕軍 익사자 200여 명, 損失米豆 5,800여 석에 달하는 참사가 있었고,[32] 세조 원년 9월 임오에도 역시 전라도 조선 54艘가 敗沒

石是白乎旀"이라고 보인다.

31) 『太祖實錄』 권7, 태조 4년 5월 기유.

32) 『太宗實錄』 권28, 태종 14년 8월 갑진조에 "夜大風 全羅漕船六十六艘 敗沒 溺死者二百餘人 沈水米豆幷五千八百餘石 …… 傳問葦堤開鑿便 否于承政院"이라 하였는데 敗船處가 명시되어 있지 않으나 이번 해난

하였다.[33] 위의 해난은 매년 연례행사와 같이 빈번히 잇달아 일어
났다.[34]

　이와 같은 조선의 敗沒은 국가 재정상의 손실은 말할 것도 없
고[35] 민간에게 준 폐해도 여간한 것이 아니었다.[36] 익사한 漕卒
가족들의 怨恨에 사무친 痛哭號天은 민심의 불안을 조성하였고,[37]
死地에 가는 것과 다름없는 漕卒의 군역을 기피하는 경향을 조장
하여 조졸 充補에 고심하지 않을 수 없었다.[38] 조선의 침몰 파괴에
따르는 조선의 新造,[39] 더욱이 致敗米豆의 換納(拯米의 改色, 劣米

　　이 알려지자 왕이 즉시 葦堤(泰安) 開鑿便否를 傳問하고 있는 것으로
　　미루어 보아 敗船處가 안흥량일 것이 틀림없다.

33)『世祖實錄』권1, 세조 원년 윤6월 계유.

34)『宣祖實錄』권8, 선조 17년 4월 임신, "監牧官申點書啓 全羅道田稅運
　　船 過安興梁 每年致敗 旣失漕運 又渰死漕軍不知其數".

35)『中宗實錄』권8, 중종 4년 5월 경술조에 "御朝講 領事柳順汀曰 聞全
　　羅道漕船敗沒 多至二萬石 若然則朝士祿俸 皆資於軍資倉 凡減省減祿
　　事 宜令該曹磨鍊"이라 했듯이 다량의 漕米 손실은 국가 경비 支用에
　　차질을 초래하였다.

36)『明宗實錄』권10, 명종 5년 2월 신유, "議移穀實邊 雖是美意 自慶尙至
　　于咸鏡 海路險惡 漕運艱甚 …… (戶曹判書)(宋)世珩議 …… 許多國穀
　　若致敗沒 非徒惠不及邊民 只使三道之人受弊而已".

37)『太宗實錄』권6, 태종 3년 8월 병인, "司諫院上言 …… 致使船軍數百
　　餘人 所載米穀萬餘石 盡爲沒水 父母妻孥 痛哭號天 咸傷和氣 …… 司
　　諫院復上疏曰 …… 殿下以爲(三道體察使)林整 素有名望 憂勤職事 其
　　敗船不幸也 非其罪也 …… 非整之罪 誰執其咎 其於殿下委任之意 何
　　殿下何獨惜一人 不慰三道人民憤怨之心乎".

38)『太宗實錄』권5, 태종 3년 5월 신사, "慶尙道漕運船三十四隻 沒于海中
　　人死者甚衆 …… 上曰 米雖多不足惜也 人之死者甚可憫也 其室家之心
　　爲如何也 漕運之苦如此 船軍不堪其苦 而逃散宜矣"; 권5, 태종 3년 6
　　월 경술, "上召(三道體察使)(林)整等曰 …… 聞卿等逢劫 船軍續續逃去
　　祿轉及各道貢物 散置江邊 卿速視事".

의 換納, 腐米의 分徵)은 민폐의 큰 것이었으니 그로 인한 敗船處 근방의 州縣官 혹은 穀主官 管下民의 곤고는 여간한 것이 아니었다.[40]

漕船의 敗沒이 안흥량에서만 있었던 것은 아니므로 그러한 公私의 피해는 조운 전반에 걸쳐 胎生되었던 것이나, 안흥량은 전체 조운 항로 중에서도 으뜸가는 해난처였으므로 이곳에서의 해난 방지가 성공할 수만 있다면 상당한 피해 감축을 이룩할 수 있는 것이다. 안흥량 문제가 다음 장에서 보는 바와 같이 장구한 시간을 두고 끈기있게 해결책이 모색되지 않으면 안 되었던 까닭도 바로 여기에 있었다.

4. 安興梁 對策

해난으로 말미암은 갖가지 폐해 제거는 해난의 가능한 한의 방

---

39) 『成宗實錄』 권16, 성종 3년 3월 갑자, "戶曹啓 …… 造船每所役軍千餘人 冬月赴役風飡露宿 飢寒切身 其弊一也 …… 但其造船軍冬月赴役之弊 凡漕船非每年改槊改造 或年久朽惡 或遭風見敗 不得已當冬節農隙 役近邑民修造 然抄軍赴役之際 富者獲免貧者獨苦";『世祖實錄』 권27, 세조 8년 2월 을미, "戶曹啓 …… 漕船一艘所入材木 不過十七八條 若令未辦諸邑 收價民間 使之代納 則一艘之價幾至數百餘匹 民弊不貲".

40) 『明宗實錄』 권7, 명종 3년 정월 임오, "領議政尹仁鏡 …… 吏曹判書金光準啓曰 …… 漕船致敗處徵穀事 趁時不得拯出 故雖或拯出 四五月之間 日候甚熱 一二日之間腐不可食 分徵水邊居民 雖似曖昧 然國穀若以此不徵 則甚爲虛疎 致敗之時不多 依前徵之無妨";『中宗實錄』 권75, 중종 28년 6월 계미, "特進官李龜齡曰 忠淸道泰安郡安行渡 漕船鮮不致敗 溺死之人 不知其幾何 而歲失其米 不知其幾斛 且使拯米分給貧民 還徵如數 其弊不貲也".

지를 도모하는 길 외에 별도리가 없음은 자명한 이치이다. 다음에
안흥량 대책을 살펴보기로 한다.

1) 漕渠開鑿案

A. 掘浦開鑿

굴포는 현재의 충청남도 서산군 태안읍에서 동쪽 5리 쯤에 위치
하는 지역(현재의 泰安面 仁坪里 근방)의 옛 이름이다.[41] 이곳은
태안반도의 最要部에 해당하며 가로림만이 북과 남에서 허리를 조
이듯 접근해 있어 南北汀線間의 거리는 불과 10리 미만으로 沮澤
處까지를 합쳐도 20여 리에 불과하다.[42] 이 要部를 남북으로 개착
하여 가로림만과 천수만의 해수를 貫流하게 하려는 것이었다. 만

---

41) 굴포란 지명은 『世祖實錄』 권25, 세조 7년 7월조에 처음 보이는데
  『高麗史』 권16, 世家16, 인종 12년 7월 을해조에는 "(洪州)蘇大縣境鑿
  河道", 『高麗史』 권116, 列傳29, 王康傳에는 "泰安瑞州之境 古浚渠",
  『高麗史節要』 권35, 공양왕 3년 추7월조에는 "蓴堤渠"라고 기재하여
  있다. 이조 국초에는 "泰安郡北 漕渠"(『太祖實錄』 권7, 태조 4년 9월
  무진) 혹은 "蓴城舊渠"(『太祖實錄』 권12, 태조 6년 10월 을유)로 불리
  었다. 굴포의 위치는 『大東輿地圖』에 명시되어 있으며 『朝鮮史』(朝鮮
  總督府中樞院編) 제4편 4권 610쪽에 현 위치를 밝히고 있다.
42) 현재 5만분의 1 지도상에서 南北汀線間의 거리는 약 14리이다. 그런
  데 仁坪川 하류에 광대한 간척지와 저수지가 조성되어 있으므로 이들
  간척지와 저수지가 조성되기 전의 해안선 위치를 확인할 수 없다. 그
  러나 『世祖實錄』의 "有古蓴城之基 纔隔七八里 亦有永豊倉古基 若令
  全羅漕船 泊於古蓴城基 陸輸永豊倉 載船而來 萬無覆沒之理"(권1, 세
  조 원년 윤6월 계유), 『宣祖實錄』의 "旱路未滿十里"(권18, 선조 17년 4
  월 임신), 혹은 『承政院日記』 第212冊의 "十萬石之米 轉運於七八里之
  地 亦甚難矣"(康熙 8년[현종 10년] 정월 초10일 갑진)란 기사에서 천
  수만 쪽 해안선이 현재보다 훨씬 북쪽에 위치하여 남북정선간의 거리
  가 7·8리에 불과했음을 알 수 있다.

약에 이 계획이 성사한다면 안흥량을 경유하지 않고도 아산만으로
나올 수 있는 터로 확실히 좋은 착상임엔 틀림 없었다.

이러한 굴포 개착이 처음 기도된 것은 고려 인종 12년으로 그해
7월에 內待 鄭襲明으로 하여금 軍丁 수천 인을 抄發하여 시공하게
한 바 있었다. 그러나 10여 리를 深鑿하고는 未鑿地 불과 7리 쯤을
남긴 채 罷沒되고 말았다.43)

다시 여말 공양왕 3년에 와서 宗室 王康의 주장으로 재차 착공
하였으나 역시 준공시킬 수가 없었다. 2개월 간의 役事도 보람 없
이 中罷치 않을 수 없었던 것은 水底 암석의 鑿破가 難事인 데다
가 海潮의 왕래로 그나마의 鑿通處도 堙塞되곤 하기 때문이었
다.44)

이와 같은 고려조에서의 개착 노력45)은 이씨 조선에 계승되었
다. 이조 건국 직후인 태조 4년과 6년 兩回에 걸쳐 開鑿議가 있었
고, 中樞院事 崔有慶, 宜城君 南誾과 같은 重臣을 직접 현지에 파
견하여 相地하게 한 바도 있었으나 兩次 모두 地中 암석층의 鑿開
가 어렵다는 이유로 罷議되었다.46)

---

43) 『高麗史』 권16, 世家16, 인종 12년 추7월 을해.
44) 『高麗史』 권116, 列傳29, 王康傳 ; 『高麗史節要』 권35, 공양왕 3년 추7
   월.
45) 고려조에서 굴포의 漕渠開鑿이 시도된 것은 『高麗史』에 인종 12년
   (1134)과 공양왕 3년(1392)의 兩次 뿐으로 기록되어 있다. 그런데 『太
   宗實錄』 권26, 태조 13년 8월 경신조의 "其在前朝睿王肅王及乎叔世
   皆動民疏鑿 未見其效 溫水與蓴堤密邇 車駕一臨可斷萬世之議"란 金汝
   知의 上啓에서 前記 兩次 외에도 개착 시도가 있었던 것으로 보인다.
   睿王 즉 睿宗(1106~1122), 肅王 즉 肅宗(1096~1105)이겠고 叔世란
   恭讓王代를 말함이니 이 김여지의 말이 옳은 것이라면(『太宗實錄』 該
   條기사 외의 방증이 없다) 漕渠의 개착 시도는 인종보다 훨씬 앞서
   숙종대로부터 비롯하여 예종 인종 3대에 연이어 있었다고 하겠다.

그 후 태종 12년에 오자 相臣 河崙의 발의에서 발단하여 종래의 貫流式과는 다른 閘門式과 유사한 형태의 새로운 구상의 漕渠 開鑿을 시도하게 되었다.47) 同年 11월에 審地次 현지에 파견되었던 參贊 議政府事 金承霪은 그 곳의 석질이 단단함을 들어 성사하기 어렵다고 회보하였다.48) 그러나 이듬해 13년 정월에 兵曹參議 禹博와 議政府知印 金之純을 監役官으로 삼고 서둘러 착공하게 하였다.49) 그리하여 근방 군민 5,000명이 동원되어 시공한 지 2개월 째인 2월에는 재빨리도 畢役되었다.50) 이토록 단시일 내에 완공될 수 있었던 것은 河崙의 착상에서 나온 바 앞서 적은 新形式을 택했기 때문이었다고 하겠다.

굴포의 남북 거리 20여 리 중에서 10여 리는 이미 高麗代에 鑿通되어 있었고, 잔여 미개착지라야 3·4리 정도였던 것으로 생각된다.51) 그리고 이 미개착지는 굴포 지역의 鞍部를 이루는 고지대(동서로 뻗친 小山脈으로 해발 40~50m정도)였던 것으로 보인다.52) 이러한 3리 쯤의 고지대의 鞍部를 分界하여 남쪽에 3개 처

---

46) 『太祖實錄』 권7, 태조 4년 6월 무진 ; 권12, 태조 6년 10월 을유·을미.

47) 『太宗實錄』 권24, 태종 12년 11월 정유.

48) 『太宗實錄』 권24, 태종 12년 11월 정유.

49) 『太宗實錄』 권25, 태종 13년 정월 임인.

50) 『太宗實錄』 권25, 태종 13년 2월 기미, "蕣城之役 告成 …… 發旁郡民 五千 自正月二九日始後 乃是乃畢".

51) 고려 인종 12년 미개착지가 7리 쯤이었고, 그 뒤 공양왕 3년의 재개착에서 이 미개착지의 개착이 행해졌을 것이며 따라서 미개착지의 거리도 단축되었을 것으로 추측된다. 今次 태종 13년의 개착에서 全長 약 4,400척의 開渠 및 저수지의 조성만으로 漕渠의 준공을 볼 수 있었던 사실에서 미개착지가 3·4리 정도에 불과했음이 입증될 수 있다.

52) 굴포 개착에서 최대의 난관은 언제나 이 지역에 동서로 가로놓인 小

(천수만에서 북쪽을 향해서 '鑿池'<長 270尺, 廣 130尺, 水深 6尺>, '南內防築'<長 100尺, 廣 40尺, 高 18尺>, '南防築'<長 470尺, 廣 40尺, 高 18尺>), 북쪽에 2개 처(가로림만에서 남쪽을 향해서 '鑿池'<長 140尺, 廣 62尺, 水深 5尺>, '北防築'<長 200尺, 廣 40尺, 高 18尺>)의 대소 저수지를 계단식으로 조성하였고, 남북 각 '鑿池'下로부터는 水渠('南鑿池'下로부터 長 2,290尺, 廣 130尺, '北鑿池'下로부터 長 925尺, 廣 50尺, 水深 3尺)를 개착하여 과거의 개착 水渠로 접속하게 한 것이다.53)

이러한 규모의 계단식 漕渠가 준공되기는 하였으나 漕渠로서의 기능을 발휘하기에는 여러 모로 미흡한 점이 있었다. 워낙 각 저수지의 규모가 적어서 넓이가 가장 넓은 '南鑿池'이라야 7·8척, '北鑿池'는 3·4척의 容船 능력 밖에 없었고54) 그나마 '北防築'은 저수지 내에55) 암석이 가로놓여 行船을 불가능하게 했고, 船隻이라야

山脈의 鑿通이었던 바 그것은 훨씬 후대인 현종대에 開渠가 논의되었을 때에도 "上曰 必深掘二十丈而後可通船路耶 從平地言之 則當掘幾丈耶 (閔)鼎重曰 以其地形背脊處言之 則當掘二十丈 若從平地言之則不過五丈餘也 上曰 鑿得背脊處 其餘必不難矣 鼎重曰 鑿得背脊處爲難 若鑿過此處 則餘外何難之云矣"(『承政院日記』 제212책, 康熙 8년[현종 10년] 정월 초10일 갑진)란 일기 기사에서도 할 수 있다. 그러므로 今次의 개착에서 閘門式을 응용한 것도 바로 이 難工處의 해결을 위한 편법이었다.

53) 『太宗實錄』 권25, 태종 13년 2월 기미.

54) 『太宗實錄』 권25, 태종 13년 2월 기미.

55) 태종 13년 8월의 개축안에 "自第四防築至北防築 石崖九百尺 陸地二百六十六尺"(『太宗實錄』 권26, 태종 13년 8월 병진)이라 한 바와 같이 제4 방축에서 북방축에 이르는 데는 石崖處가 900척이 있었고 漕渠 준공 직후인 13년 2월 戊寅의 실록 기사에 "遣人于薲堤 鑿去防築內崖石 從政府之請也"(『太宗實錄』 권25, 태종 13년 2월 무인)라고, 한 바 防築內崖石이란 위의 北防築內의 石崖處일 것으로 짐작된다.

大船이 아닌 小船(적재량 150석)이었다.56) 이보다 더욱 큰 결점은
漕渠 초입까지 조선(大船, 적재량 500석)의 到泊이 불가능했던 점
이다. 즉 천수만의 수심이 얕아 개거처까지 遡航할 수가 없었던 것
이다.57) 비록 소항이 가능하다 할지라도 '南鑿池'하에서 '北鑿池'
하까지 漕米를 運移하려면 轉載하기를 여섯 번이나 되풀이해야 했
다. 이에 더하여 각 저수지에 띄워놓은 移運船이 수 척의 小船이었
으니 그 번거로움과 시간의 運滯됨이 어지간하지 않으리라. 이러
한 까닭에 기껏 준공된 漕渠도 실제 通船에 이용될 수가 없다는
사실이 판명되자58) 역시 하륜의 固請으로 계단식으로 하되 前此의
미흡한 점들을 勘案하여 대폭적인 개축을 시도하려 하였다.59)

그리하여 同王 13년 8월에 審地官으로 현지에 내려갔던 忠淸道
都體察使 朴子靑, 司憲執義 金孝孫은 개축 설계도를 進呈하고 아
울러 그 공정을 上書修陳하였다.60) 개축 방안은 다음과 같다. 남쪽
의 4개의 방축 사이에 3개(천수만에서 북쪽을 향해서 '自南防築 至
第2防築[제1저수지]'<長 1,392尺>, '自第2防築 至第3防築[제2저수
지]'<長 1,300尺>, '自第3防築 至第4防築[제3저수지]'<長 1,300尺>
의 저수지, 북쪽에 축조한 北防築과 남쪽의 第4防築 사이에 1개의

---

56) 태종 13년 8월에 개축이 논의될 때에 忠淸道都觀察使 李安愚가 계단
　　식 저수지로 연결된 漕渠의 비실용성을 열거한 가운데에 "每一區(貯
　　水池)各置平底船十餘艘 …… 且平底船所載 不過一百五十餘石"(『太宗
　　實錄』 권26, 태종 13년 8월 경신)이라 하였다. 150여 석의 적재량을
　　가졌다면 "長四十一尺 廣八尺以上爲小船 載一百三十石"(『世宗實錄』
　　권113, 세종 28년 9월 신사)이란 漕船 규격에 비추어 小船에 해당된
　　다.
57) 『太宗實錄』 권25, 태종 13년 3월 신묘.
58) 『太宗實錄』 권25, 태종 13년 2월 기미.
59) 『太宗實錄』 권25, 태종 13년 8월 정미.
60) 『太宗實錄』 권25, 태종 13년 8월 정미·병진.

저수지(가로림만에서 남쪽을 향하여 '自北防築 至第4防築[제4저수지]'<長 866尺>)[61) 도합 4개의 저수지를 조성한다는 것이다. 저수지의 全長은 4,818척으로 前此의 漕渠(편의상, '第1渠'라고 부름)의 저수지 全長 1,144척에 開渠全長 3,215척을 합친 길이보다는 긴 것이니, 이것은 第1渠보다 저수지의 규모를 크게 한 결과이다. 저수지가 커짐에 따라서 船隻 수용량도 1저수지당 10수 척으로 예정되었다.[62) 그리고 천수만의 逆航은 水渠가 얕은 관계로 漕船團은 일단 高欒灣[63)에 정박하게 하고, 20艘(大船<적재량 500석>)式을 선발토록 하여 潛文串[64)까지 遡航하게 하고, 그곳에서 平底船(적재량 250석) 20艘에 轉載하여 沙渡浦[65)까지 遡航하게 하고, 이곳에

---

61) 제4 방축과 북방축 사이는 石崖處가 900척, 陸地가 266척이었는데 그 중 石崖處는 前次(태종 13년 2월) 저수지 조성 시에도 通船을 저해하였으므로 京都에서 사람(석공)을 파송하여 착개하게 한 바 있다(주 55) 참조). 그러나 通船이 가능하도록 깊히 착굴하지 못했던 모양이다. 그래서 今次의 개축안에서는 "自第四防築至北防築石崖處 退築三百餘尺其高至二十尺 則雖不鑿石崖 可行船", 즉 북방축을 남쪽으로 300척을 退築하고 높이를 20척(前次에는 18척)으로 높이면 방축 내 수심이 깊어지므로 더 착개치 않더라도 통선이 가능하다는 것이다. 이와 같이 退築한다면 제4 방축에서 북방축까지의 거리는 원래 石崖處 900척 陸地 266척 도합 1,166척 중에서 300척이 단축된 866척이 되는 것이다.

62) 『太宗實錄』 권26, 태종 13년 8월 경신.

63) 高欒島는 『增補文獻備考』 권33, 輿地考21 保寧條에 "在西二十二里 自鶴峴來爲松島王脉 古兵戌處 有民居"라 하였으니 현재의 保寧郡 周浦面 高欒里 앞 바다의 上·下松島로서 淺水灣口에 위치한다.

64) 潛文串의 현위치는 분명히 알 수 없으나 현재의 瑞山郡 南面(安眠串) 천수만변의 外潛, 潛谷, 內潛, 西潛 等里 근방이 아닌가 추측된다.

65) 沙渡浦의 현위치도 분명하지 않으나 "自沙渡浦重載大船到泊處 至南防築六十尺"(『太宗實錄』 권26, 태종 13년 8월 병진)이라 하였으니 현재의 태안면 인평천 하류에 위치했던 포구로 추정된다. 인평천 하류

서 漕渠를 거쳐 南防築下에 이르도록 하며(自沙渡浦 至南防築 6,000척) 가로림만의 수심도 천수만 쪽과 마찬가지로 얕았으므로 北防築下에서부터는 평저선으로 敦衣島[66]까지 移運하고(自北防築 至敦衣島 8,617척),[67] 敦衣島에서 다시 大船에 轉載하여 京倉으로 조운하게 하자는 것이었다. 이러한 방법으로 하되 轉載移運役은 漕船(1艘當 騎軍 6·70명)의 騎軍으로써 당하게 되면 1朔內에 전라도 세미 90,000석을 畢運할 수 있다고 하였다.

 이와 같은 改築案에 대하여 충청도 도관찰사 李安愚는 上書하여 그 불가함을 條陳하고 萬世安民之計를 고려하지 않고 時相(하륜을 지목)의 위세에 영합 아부하는 朝臣들의 태도를 비난하였다.[68] 불가한 이유인즉, (1) 천수만은 간만의 차가 심하고 다수의 嶼草가 산재해 있는 黑石[69](현재의 安眠島北端 동쪽 해안 근방의 島嶼[黃島 등등]群으로 추정됨) 근방의 行船이 심히 위험하며, (2) 1개월 중에서 10日水 밖에는 通船할 수 없으며,[70] (3) 이러한 해양조건

（현재는 저수지가 조성되어 지형이 과거보다 많이 변형된 것으로 보임〈주 42〉 참조〉 西岸의 浦沙里, 東岸의 可沙里 沙場里 등의 동리명도 참고될 듯하다.

66) 敦衣島의 현위치 역시 분명하지 않다. 그런데 개축안에 "自北防築至 敦衣島大船泊立處 八千三百十七尺"(『太宗實錄』 권26, 태종 13년 8월 병진)이라 하였음에 비추어 현재의 태안면 北倉里 앞 바다에 위치하는 섬이 아닌가 한다.

67) 개축안에는 8,317척이라 되어 있으나 북방축을 300척 남쪽으로 退築한다고 하면(주 61) 참조) 방축 외로 밀려나오게 되는 300척은 8,317척에 가산되어야 한다.

68) 『太宗實錄』 권26, 태종 13년 8월 경신.

69) "黑石外 嶼草"(『太宗實錄』 권26, 태종 13년 8월 경신)란 현재의 서산군 안면면(안면도) 북단의 黑石里 앞 바다에 산재하는 黃嶋 等의 嶼草를 지칭한 것으로 보인다.

70) "一月內 只用一日水"(『太宗實錄』 권26, 태종 13년 8월 경신)라서 불편

하에서 대선-평저선-소선, 다시 소선-평저선-대선으로 轉載移運
하기를 일곱 번이나 되풀이하여야 하며, (4) 더구나 北防築內 崖石
鑿開處는 小船 1척밖에는 통행할 수 없으니71) 이러한 불편과 번거
로움 속에서 전라도 세미를 1朔은커녕 반 년이 걸릴지라도 畢輸하
기란 불가능하며, 여러 차례의 轉運에서 생길 세미의 耗損도 다량
에 달할 것이라고 하고, (5) 더욱이 매 저수지당 10여 艘의 소평저
선에 소요되는 騎船 軍丁 1,400여 인을 充補하기가 難事이며 (6)
그런데다가 가물기라도 하면 저수가 어렵고, 반대로 夏節 우기가
닥치면 석축이 아닌 漕築이 缺毀될 것이 틀림없는데 이때는 또 어
느 누구를 동원하여 再築하게 할 것인가 라고 하고 이러한 여러
난점으로 말미암아 개착에서 얻는 이득보다도 오히려 민간의 노고
가 더욱 가중될 뿐일 것이니 그럴 바에야 차라리 종전과 다름없이
안흥량을 경유하게 하자는 것이었다.

이 李安愚의 반대 이유에서 특히 북방축 내의 鑿石處의 협소와
저수지용 水源의 乏弱, 저수 조절이 뜻대로 되지 않는 등의 隘路는
漕渠 운용상의 결정적인 문제점이었다고 하겠다. 개축안을 작성한

하다는 말은 "每月望晦 自六水至十水 沙渡大船 可至南防築"(『太宗實
錄』권26, 태종 13년 8월 병진)이란 개축안 중의 1절을 지목하여 말한
것이다. "自六水至十水"란 『增補文獻備考』권35, 輿地考23 附 潮汎條
에 "方言初一日潮汐汎曰七水挨(挨者推也 方言稱水進曰水推) 初二日
曰八水挨 初三日曰九水挨 初四日曰十水挨 …… 初十日曰一水挨 ……
望日曰六水挨號 生伊(水盡生而極盛也) 十六日七水挨 自此如望前例
二十三日爲少音晦日爲生伊"란 기사 중의 6水挨부터 10水挨에 해당하
며 이러한 밀물 극성기는 1개월 중에서 望·晦 兩次에 걸쳐 일어나므
로 이 10일간이 行船上의 적기라는 것이다.

71) 북방축을 남쪽으로 300척 退築하고 높이를 20척으로 높여야 앞서(태
    종 13년 2월) 鑿開處의 通船이 가능하나 그래도 小船 1척밖에는 왕래
    할 수 없다는 것이다. 주 61) 참조.

朴子靑 등도 이 점에 대해 유의하지 않은 바는 아니나 그들의 해결책은 100여 인의 석공을 동원하여 20일이면 開鑿이 가능하며 강우로 저수를 확보할 수 있다는 정도의 안이한 것이었다.[72] 그러나 고려시대나 태조대의 실패 원인이 모두 鑿石의 지극히 어려움에 있었던 것임을 돌이켜 볼 때 당시의 토목기술로는 결코 용이한 일이 아니었다 하겠으며,[73] 더욱이 水源 확보와 저수 조절은 수로 기능 유지상 가장 기본적인 요건인데[74] 이것이 여의치 않다면 漕渠로서의 효용을 기대하기 어려운 것이니, 이 점에서 李安愚의 所見의 타당성을 인정하여야 하겠다.

이와 같은 찬반 양론에 갈피를 잡을 수 없었던 태종은 자신이 현지를 審察하여 開渠 가부를 결단할 양으로 태안까지 행차하였으나 중도에 初志를 굽혀 다음해 봄에 재론하기로 방침을 바꾸고 改築事의 罷役을 명하였다.[75]

스스로 審地次 行幸길을 떠났던 데서 볼 수 있는 바와 같은 태종의 열의와 종전과는 다른 新形式의 漕渠 開鑿案을 제안한 河崙의 강력한 주장으로 1차 시공 준공된 바 있으나 기술상의 不備와 입지 조건의 불리 등으로 말미암아 通船에 이용될 수 없이 罷役되고 만 것이다.

이듬해 14년 春節에 전년의 기약대로 재론되지는 않았다. 그러

---

72) 『太宗實錄』 권26, 태종 13년 8월 병진.

73) 『中宗實錄』에 "剖大石等事 則僧人中無石工 又無錠鐵椎等物 雖欲剖石 不可以徒手爲之矣"(권81, 중종 31년 2월 신묘)란 기사에서 당시의 鑿石 시에 사용된 공구가 정이나 鐵椎에 불과했던 것을 알 수 있겠다. 鑿石이란 難事로 해서 관개 수로 등의 개착을 단념했던 사례를 실록 곳곳에서 찾아 볼 수 있다.

74) The Encyclopedia Americana, Vol. 5, 1962, p.488.

75) 『太宗實錄』 권26, 태종 13년 8월 경신 ; 권26, 태종 13년 9월 갑진.

던 차에 同年 8월에 전라도 조선 66艘가 敗沒하는 대해난사고가
일어남을 계기로 開渠議가 역시 하륜에 의해 재발의되었고,[76] 다
시 同王 16년 2월에 講武次 蔥城에 行幸했던 길에 태종은 內官 黃
稻, 司宰監正 등을 현지에 파견하여 開渠 便否를 審察하게 한 바
있었다.[77] 그러나 兩次 모두 논의에 그치고 말았다.

　태종 다음 세종대에도 안흥량에서의 敗船이 문제되지 않은 바는
아니지만 開渠와 같은 적극적인 대책을 논의한 적은 없었다. 그런
데 세조가 즉위하면서 안흥량 대비책이 다시 활발하게 전개되었
다. 同王 원년 윤 6월에 굴포에의 設倉案이 논의되더니 同王 7년 7
월에는 漕渠 開鑿議가 또다시 대두하였다. 同月 병술에는 左議政
申叔舟의 漕渠 개착 주장에 좇아서 그를 忠淸道 都體察使, 戶曹參
議 安哲源을 副使, 前水原府使 洪敬孫을 從事官으로 각각 임명하
여 태안, 굴포의 開鑿 便否를 住審하게 하였고[78] 同年 8월에 그들
은 回報하여 그 개착을 啓請하였다.[79] 이후의 공사 규모나 진척 상
황은 알 수 없으나 수 년간에 걸친 장기 공사로 그 성공을 期必했
던 모양이다. 그러나 同王 10년 3월에 臨瀛大君 璆, 永膺大君 琰,
領議政 申叔舟, 戶曹判書 金國光, 都承旨 盧思愼 등 종실 및 重臣
을 현지에 보내어 공사의 속행 여부를 살피게 하였는데, 그들은 同
月 병인에 回還하여 水道가 바르지 아니하고 泥淖과 沮洳로 하여
隨鑿隨塡하니 개착이 불가하다고 復命함으로써 끝내는 중단할 수
밖에 없었다.[80] 泥淖 沮洳란 천수 가로림 兩灣의 갯벌을 가리켜 말

---

76) 『太宗實錄』 권28, 태종 14년 8월 갑진·무오.
77) 『太宗實錄』 권31, 태종 16년 2월 정묘·을해·을유.
78) 『世祖實錄』 권25, 세조 7년 7월 정사 ;『燃藜室記述』別集11 漕運.
79) 『世祖實錄』 권25, 세조 7년 8월 갑신.
80) 신숙주 등의 개착 啓請이 있은 뒤의 소식은 실록에 전혀 전함이 없다.
　　그러나 『新增東國輿地勝覽』 권19, 泰安縣 山川條의 "本朝世祖朝 獻議

한 것으로 비록 漕渠 개착에 성공하였더라도 이 갯벌의 浚渫處 수심을 일정하게 유지할 수 없다면 漕渠는 무용지물이 되리라는 것은 뻔한 노릇이다. 굴포 개착에서 갯벌의 浚渫은 이미 고려조로부터 前驗이 있는 至難事였다.

세조조 이후로도 역시 안흥량에서의 漕船 敗沒은 여전하였고 따라서 그에 대한 대책도 시끄러이 논의되었다. 후술하는 바와 같은 蟻項 개착 혹은 設倉陸輸等議가 바로 그것이다.

오래도록 자취를 감추었던 掘浦漕渠開鑿案은 顯宗朝에 이르러 다시 대두되었다. 수창자는 尤庵 宋時烈이었는데 호조판서 李慶億, 이조참판 閔鼎重이 이에 동조하여 찬성론의 선봉으로 그 실현을 집요하게 주장하였다.[81]

同王 9년 8월 王의 온양 行幸[82]을 기회로 同月 계기에 戶判 李

者 或以爲可鑿 或以爲不可鑿 世祖遣安哲孫試之 功不可成 命大臣審視 論議不一而止"란 기사에서 安哲孫이 감역관이 되어 시공되었으나 좀체로 준공하기 어려우므로 다시 대신을 현지에 파견하여—공사의 속행 여부를—審視하게 한 뒤 논의가 구구하여 罷役하고 말았던 사실을 알 수 있다. 審視次 파견된 대신이란『世祖實錄』권32, 세조 10년 3월 임술조에 기재되어 있는 다음과 같은 사실을 지칭한 것으로 보인다. "上命臨瀛大君璆永應大君琰 …… 領議政申叔舟雲城府院君朴從愚仁山君洪允成戶曹判書金國光都承旨盧思愼等 往審堀浦開鑿便否". 이들 대신은 往審 결과를 "水道不直泥淖沮洳 隨鑿隨塡 不可鑿"이라 하였으므로 세조도 따라 마침내 罷役되고 말았다. 그런즉 今次의 개착공사는 4년간이나 계속된 셈이니『新增東國輿地勝覽』권19, 泰安縣 題詠條에 실려있는 신숙주의 7언시의 한 구절에 "浦掘幾年 功未效"란 한 바로도 분명하다. 또 "誰能說我通漕策但樽前醉悃然"이라고도 하여 실의에 찬 시구를 읊었던 때는 바로 대신들로 하여금 공사의 속행 여부를 往審하게 했던 때의 일로 추측된다.

81) 『顯宗實錄』권15, 현종 9년 9월 무술.
82) 현종은 현종 9년 8월 임오에 京都를 출발하여 同月 병술에 온양 행궁

慶億은 굴포 개착을 건의하였다. 이를 계기로 李慶億과 閔鼎重을 審地官으로 삼아 현지에 파견하였다.[83] 그들은 同年 9월 무술에 回還, 당초 주장대로 審地 결과로도 역시 개착이 가능하다고 보고하였다.[84]

李·閔 兩人의 주장에 대하여 처음에는 개착론에 贊助한 左議政 許積도 그 가능성에 의문을 표시하게 되었다.[85] 왕이 溫陽으로부터 還京하자 특히 大司憲 李慶徽는 祖宗朝로부터의 屢度의 실패 裏面에는 그만한 사유가 있었을 것이며, 개착이 가능만 했다면야 祖宗朝에서 이미 성취했을 터로 굳이 후일을 기다렸겠는가라고 하고, 그 불가함을 알면서도 力爭 論諫치 않는 대신과 3司의 태도를 痛駁하였다. 領議政 鄭太和, 訓練大將 李浣 등도 力斥해 마지 않았다.[86] 이토록 찬반 양론이 대립된 채 해를 넘기게 되니 이듬해 10년 정월 경자에 閔鼎重은 강론 席上에서 속히 개착 논의에 매듭을 맺을 것을 上請하였다.[87] 이 자리에서 반대론자인 許積은 忠淸監司의 견해대로 천수만과 가로림만 兩岸의 泥滓로 말미암은 淤塞의 患이 있다는 것과, 굴포 鞍部의 岩石層을 鑿開하여 通船하게 하려면 20丈을 深掘하여야 하며, 더욱이 地中에 물이라도 나면 水中 岩石의 鑿掘이란 더욱 至難事라 하여 그 불가함을 계속 주장하였다.[88] 이에 대해 민정중은 끝내 개착이 가능하다는 소견을 굽히지

에 도착하였다(『顯宗實錄』 권15, 현종 9년 9월 무술). 또한 환궁 일자는 현종 9월 경자에 온양 행궁을 출발하여 9월 임인에 환궁하였다(『顯宗實錄』 권15, 현종 9년 8월 계미 ; 권15, 9년 9월 무술).

83) 『顯宗實錄』 권15, 현종 9년 8월 계사.
84) 『顯宗實錄』 권15, 현종 9년 9월 무술.
85) 『顯宗實錄』 권15, 현종 9년 8월 계사 ; 권15, 현종 9년 9월 무술.
86) 『顯宗實錄』 권15, 현종 9년 9월 을사.
87) 『承政院日記』 제212책, 康熙 8년(현종 10년) 정월 초6일 경자.

않았다. 하지만 개착에는 많은 노력과 시일이 소요되리라는 점만
은 인정치 않을 수 없었다.[89] 그리하여 송시열은 개착이 難事라면
設倉으로 대치하자고 하여 뒤에 적는 바와 같은 設倉陸輸案을 새
로이 제기하였고 민정중도 이에 동조하였다.[90] 이리하여 溫陽行幸
이후로 오래 조정을 시끄럽게 한 掘浦漕渠開鑿案은 同年 정월 갑
진의 朝議를 마지막으로 하여 철회되고, 그 차선책으로 設倉陸輸
策이 결정되었다.[91] 이와 같이 設倉陸輸案으로 대치할 것을 의결
하였음에도 불구하고 왕은 굴포 개착에 대한 미련이 가시지 않아
設倉事로 현지에 審地次 파견되었던 禮曹判書 金佐明이 回還 復命
하는 자리에서 굴포 개착 여부를 하문하고 있다. 金佐明은 갯벌로
해서 浦邊이 심히 멀고 개착처가 潮水에 밀려오는 泥土로 塡塞될
것이니 이전부터 전해 오는 "隨掘隨塡"이란 바로 그러한 형세를
가르쳐 말함이라고 답신함으로써 반대 논거의 정당함을 뒷받침하
게 되니 掘浦漕渠開鑿案은 끝내 단념할 수밖에 없게 되었다.[92]

B. 蟻項開鑿

굴포의 漕渠 개착은 4차에 걸쳐 기도되었지만 모두 실패로 돌아
갔다. 世祖 이후로 오래도록 漕渠 개착과 같은 적극적인 대책이 강
구되거나 논의되지 않았다. 그러더니 中宗 16년 8월에 와서 金銓·

---

88) 『承政院日記』 제212책, 康熙 8년(현종 10년) 정월 초6일 경자.
89) 『顯宗實錄』 권15, 현종 9년 8월 계사 ; 『承政院日記』 제212책, 康熙 8
　　년(현종 10년) 정월 초6일 경자.
90) 『承政院日記』 제212책, 康熙 8년(현종 10년) 정월 초6일 경자.
91) 『承政院日記』 제212책, 康熙 8년(현종 10년) 정월 초10일 갑진 ; 『顯
　　宗實錄』 권16, 현종 10년 정월 갑진.
92) 현종 10년 정월 을묘에 禮曹判書 金佐明이 設倉處 看審次 파송되었
　　고, 同年 2월 병인에 回還하여 심찰결과를 보고하였다.

南袞 등의 건의에서 비롯하여 또다시 漕渠開鑿案이 廷議에 올랐
다.93) 그리하여 3道體察使 高荊山으로 하여금 굴포개착 가부를 審
視하게 하였다.94) 이듬해 17년 정월에 高荊山은 안흥량 근방의 蟻
項을 개착한다면 覆沒의 禍로부터 영구히 면할 수 있음을 回報하
고, 아울러 수군을 동원하여 鑿通하게 할 것을 啓請하였다. 戶曹
또한 의견을 같이 하였으므로 이내 中宗의 동의를 얻었다.95) 이후
3,000명의 軍丁을 징발하여 工役에 當하게 하였다. 그러나 착공한
지 4개월을 지나 거의 완성기에 이르러 中罷되고 말았다. 그 이유
인즉 漕渠 개착에 대한 相臣들의 讒謗이 심했던 때문이라고 전할
뿐 仔細한 경위를 알 길이 없다.96)

蟻項(鄕名, 개목·개미기) 漕渠 개착처는 현재의 瑞山郡 所遠面
蟻項里 근방인 所遠半島 西端의 국수봉(國手峰 혹은 國師峰)과 大
小山(鄕名, 대산) 사이의 水踰洞(鄕名, 무내미) 峽谷으로 추정된다
[현재의 瑞山郡 所遠面 松峴里 水踰洞].97) 협곡의 길이 즉 남북 汀
線間의 거리는 5리 미만으로 沮澤處까지를 합쳐도 10리 정도에 불
과하다. 협곡 중간지점에 남북의 분수령을 이루는 등성이를 '무내
미고개'98)라고 부르는데, 해발 20~30m 정도이다. 이 '무내미고개'
에 서면 남북해안선이 지척지간에 바라다 보인다.

---

93)『中宗實錄』권42, 중종 16년 8월 기해.
94)『中宗實錄』권42, 중종 16년 8월 기해.
95)『中宗實錄』권43, 중종 17년 정월 병진.
96)『中宗實錄』권82, 중종 31년 6월 기해.
97) 拙稿,「蟻項考」,『史學會志』第2輯 所收 參照.
98) 현재 忠清北道 清原郡 文義面의 "무네미고개"(『清州誌』, 清州市史編
    纂委員會刊, 1961, 251·369쪽) 혹은 忠清南道 大德郡 德岑面의 "무너
    미"(『朝鮮日報』第3030號 1963년 7월 6일자) 등의 지명도 예전부터
    水渠開鑿의 가능성에서 붙여진 것임을 참고삼아 적어둔다. 拙稿,「蟻
    項考」共參.

中宗 晩年에 이르면 이곳 의항의 개착이 당시의 權臣 김안로의 주장으로 다시 시도되었다. 즉 同王 30년 8월 의정부 6조대신이 동의하여 안흥량 대책으로 漕渠開鑿案을 건의한 것이 그 발단이었다.[99] 翌 31년 9월에 안흥량굴포 敬差官 李偲은 굴포와 의항의 양처를 개착하기에 적합한 곳으로 回啓하고 그 圖形을 進모하였다.[100] 그는 굴포는 潮水所入處의 깊이가 2尺許에 불과하여 大船의 통행이 불가하므로 개착한들 무익하며, 敗船危險處 4처를 모두 면할 수는 없고, 또 300여 리를 우회해야 하는 점이 굴포에 비해 불리하나 공역이 용이할 뿐더러 敗船處中 3處만은 면할 수 있으니 의항의 개착이 더욱 유리하다[101]고 하였다. 이에 李偲의 소견만으로 결단할 것이 아니라 조정 중신을 再派하여 형세를 다시 審察하게 하고 그 보고를 기다려 결정토록 하자고 주장함으로써 재차 戶判 蘇世讓과 忠淸道監司 尹安仁으로 하여금 同途 看審하게 하기로 하였다.[102] 戶判 등의 看審 결과도 역시 의항을 적임지로 보았던 모양으로 同年 11월에는 蟻項役의 監役官으로, 兵曹參知 朴守良을 察理使로, 李偲을 從事官으로 각기 임명하였다. 한편 년 15세 이상 50세 이하의 승려를 동원하여 개착군에 충당한다는 등의 開鑿事目이 작성되는 등 착공을 서둘렀다.[103] 그러나 개착 승군에게 호패를 지급하기로 한 문제를 에워싼 朝臣間의 갑논을박으로 착공이 지연되어[104] 同王 32년 2월경에 가서야 비로소 착공되었다.[105] 감역관

---

99) 『中宗實錄』 권80, 중종 30년 8월 기해.

100) 『中宗實錄』 권82, 중종 31년 9월 계축.

101) 『中宗實錄』 권82, 중종 31년 9월 계축.

102) 『中宗實錄』 권83, 중종 31년 9월 기묘.

103) 『中宗實錄』 권82, 중종 31년 11월 무인.

104) 拙稿, 「僧人號牌考」, 『東方學志』 5輯 所收 參照.

105) 『中宗實錄』 권83, 중종 32년 2월 정사.

도 察理使에 兵曹參議 金秀淵으로 교체되었다.[106) 그리하여 同年 4월에는 赴役僧이 5,000여 명에 달하였고,[107) 同王 7월에는 察理使 金公奭(공사도중에 金秀淵과 교체된 것으로 보인다), 從事官 李俔 등 감역관에게 祖宗朝로부터의 숙원을 달성하게 한 大功을 치하하는 傳旨를 내리고 그들에게 각각 熟馬 1필을 하사하였으니 착공한지 근 6개월 만에 준공된 것이다.[108)

그런데 이 감역관에 대한 論贊이 운위될 때에 久效之功이 尙今 확인되지 않은 터에 陞階란 부당하다는 이유로 賞物로 落着시켰던 바로도 알 수 있듯이[109) 일단 준공은 되었으나 漕渠로서의 실질적인 효용에 대해서는 확신을 갖기가 어려웠던 모양이다. 그러한 기우는 얼마 아니하여 기우 아닌 사실로서 나타났다. 즉 同王 33년 9월에 大司憲 黃憲 등은 上箚에서 개착 후 이내 堙塞되어 공역의 보람이 허사로 돌아갔음을 말하고 있는 것이다.[110)

이 의항의 개착은 위의 공사를 마지막으로 이후 다시 있지 아니하였다. 이곳 역시 굴포의 경우에서와 같이 潮水에 의해 밀려 닥치는 沙土로 말미암은 開渠處의 堙塞이 난관이었다.

2) 設倉陸輸案

안흥량 대책으로서의 漕渠 개착이 좀체로 성사하기 어려웠으므

---

106) 『中宗實錄』 권83, 중종 32년 2월 정사.
107) 『中宗實錄』 권84, 중종 32년 4월 갑인조에 "傳于政院日 今觀戶曹啓目 蟻項役僧 今已赴役者 五千餘名矣"라 하였고 그 뒤로 당초 應役에서 제외되었던 평안 황해 경기의 3道僧의 赴役이 허용되었으므로 赴役僧 은 5,000명을 훨씬 초과했을 것이 틀림없다.
108) 『中宗實錄』 권85, 중종 32년 7월 갑오.
109) 『中宗實錄』 권85, 중종 32년 7월 갑오.
110) 『中宗實錄』 권88, 중종 33년 9월 정유.

로 그 차선책으로 시도된 것이 바로 設倉陸輸案이다.

이 방안은 世祖 원년 윤6월에 護軍 鄭有臨의 헌의에서 비롯한다.[111] 그의 헌의인즉 굴포의 천수만 쪽 古蕈城基 근처에 전라도 漕船을 到泊하게 하고 이곳에 漕米를 일단 揚陸하게 한 후에 가로림만 쪽 永豊倉古基까지 陸輸하게 하고 이곳에서 다시 載船하여 京倉으로 조운하되 古城基와 古倉基 兩處에 각각 창고를 설치하여 漕米를 수납 備雨토록 하자는 것이었다. 世祖도 良策임을 수긍하고, "予當議行"이라 하였으나 그 뒤의 소식은 거의 전하는 바 없다. 다만 창고가 건조되어 '永新倉'이라 불리웠으며, 잠시나마 운용되었던 것이 훨씬 후대의 기록에서 어렴풋이 더듬어질 따름이다.[112]

그 후 중종 28년 6월에 特進官 李龜齡이 이 設倉陸輸案을 제의한 바 있었다.[113] 그러나 10만여 석에 달하는 전라도 稅米를 수군으로 하여금 轉運하게 한다면 수군의 難苦와 痕弊가 극심할 것이며, 漕米의 耗損 또한 다량일 것이라는 領議政 張順孫의 반대도 있

---

111) 『世祖實錄』 권1, 세조 원년 윤6월 계유.

112) 중종 28년 9월에 設倉陸輸案을 건의한 特進官 李龜齡의 上啓 중에 "臣爲忠淸監司 有意看審 其地(掘浦)有空院 漕船到渡口 解船積置空院 使人監守 令入番軍民之車馬搬運 而回泊空船於渡頭還載"(『中宗實錄』 권75, 중종 28년 6월 계미)이라 하여 굴포에 空院이 있었음을 알리고 있다. 이 空院은 棄置된 倉舍를 지칭한 것으로 보인다. 중종 32년 정월의 三公上啓에, "當初安行梁議鑿時 已聞其地前有永新倉 又有倉浦之名矣 其時從事官等 言其不便 因不更議 且作倉而有所便盆 則當不廢矣 其作而復廢者 必有其由 今不可復爲也"(『中宗實錄』 권83, 중종 32년 정월 기해)라고 하였으니 여기서 作倉했다는 창고 즉 永新倉이 바로 空院의 前身이라고 생각된다. 이곳 굴포에 作倉이 논의된 처음은 세조 원년이다. 그후 중종 28년에 또 있었으나 이때는 논의만으로 그쳤었다. 그러므로 永新倉이란 倉舍가 세워졌다면 그 시기는 設倉陸輸 논의가 처음 있었던 세조 원년 6월을 지목할 수밖에 없다.

113) 『中宗實錄』 권75, 중종 28년 6월 계미.

고 하여 罷議되고 말았다.114) 3년 뒤인 同王 31년에 의항개착안과 더불어 다시 논의되었고,115) 이듬해 同王 32년 정월에 朝論의 불통일로 그 결정이 늦어지고 있던 의항 개착에 대한 便宜策으로 고려되었으나 모두 罷議되었다.116)

宣祖朝에 접어들어서는 牛溪 成渾도 그 주창자의 한 사람이었고,117) 監牧官 申點이 同王 17년 4월에 設倉陸運時의 轉運軍은 役價를 지급하면 徵募하기 어렵지 않겠으며, 償役價米는 납세자에게서 약간 升米를 增收하여 조달토록 하자는 設倉陸輸案을 건의한 바도 있었다.118) 申點의 건의에 따라서 戶曹正郎 朴忠侃을 현지에 보내어 설창 便否를 심찰하게 하였으나119) 그 후의 경과는 불명이다.

壬辰·丙子의 兩大亂을 겪고 난지 얼마 아니 되는 孝宗朝에서도 潛谷 金堉과 徐必遠 등이 그 실현을 주장한 바 있었고,120) 효종도

---

114)『中宗實錄』권75, 중종 28년 6월 계미.

115) 주 114)의 중종 32년 정월의 三公 上啓文 參照. 안행량의 개착이 논의되기 시작한 것은 오래이나 안행량 근방의 의항을 개착하기로 결정하고 察理使 從事官 등의 감역관이 임명된 것은 중종 31년 11월의 일이다. 三公 上啓文 中에 "其時 從事官等 言其不便"이라 보이므로 從事官이 임명된 직후에 設倉陸輸案이 논의된 것으로 보인다.

116)『中宗實錄』권83, 중종 32년 정월 기해.

117)『顯宗實錄』권18, 현종 10년 2월 경오, "判中樞 宋時烈 上箚曰 今者 (徐)必遠 以泰安設倉事有所異同 則可矣 而至斥大臣 以不忠 …… 又惟 御供變通之議 亦綠臣思先王末命 而略欲嘗試 此盖皇朝之制 而先正臣 成渾 請於宣廟者也".

118)『宣祖實錄』권18, 선조 17년 4월 임신.

119)『宣祖實錄』권18, 선조 17년 4월 임신.

120)『增補文獻備考』권157, 財用考4 漕運 孝宗 元年條 본문 기사에 系하여 "右議政 金堉 箚曰 …… 瑞山泰安之地 走入西海 爲安興之東峽 …… 若設倉於此 以他船晉載如通州石閘之制 則可免安興之敗"이라 첨재

상당한 관심을 가졌던 터로 遺命으로써 그 실현을 後王에게 당부하기조차 하였다.[121]

　이와 같이 오랜 시일을 두고 거의 논의만으로 일관하여 오다가 현종조에 와서야 비로소 그 실현을 보게 되었으니 그 首唱者는 尤庵 宋時烈이었다.[122] 현종 9년 8월에 들어서면서부터 시작된 안흥량 대책 논의는 굴포개착안을 놓고 廷論이 찬반 양론으로 크게 대립하였음은 앞서 말한 바이거니와 그러한 논쟁으로 말미암아 굴포개착 可否의 결정이 쉽게 내려지지 못하게 되자 새로이 그 대안으로 設倉陸輸案이 나오게 되었다.[123] 그리하여 同王 10년 정월 경자에 안흥량 대책은 設倉陸輸案으로 落着되었고[124] 이내 禮判 金佐明을 審地官으로 임명하고[125] 同年 3월부터 始役하기로 작정되었다.[126]

　이토록 設倉陸輸案이 결정되기까지 굴포개착안에 못지 않게 찬반의 논쟁이 거듭되었고 그러한 논쟁은 起役 직전까지 계속되었

　　하고 있거니와 金堉의 우의정 재임은 효종 즉위년 기축 9월 초1일부터 효종 원년 정월 28일 임오까지이다(『承政院日記』 제108책, 順治 6년[효종 즉위년] 9월 초1일, 『承政院日記』 제111책, 順治 7년[효종 원년] 庚寅 정월 28日 임오조). 『顯宗改修實錄』 권20, 현종 10년 2월 임신조에 "刑曹判書 徐必遠 上疏略曰 臣於戊戌年(효종 9년)間 亦嘗不究利害 妄主設倉之議"이라 보인다.

121)『顯宗實錄』 권18, 현종 10년 2월 경오.
122)『顯宗實錄』 권16, 현종 10년 2월 기사 ;『顯宗改修實錄』 권22, 현종 11년 5월 무진.
123)『顯宗實錄』 권15, 현종 9년 9월 을사 ; 권16, 현종 10년 정월 경자.
124)『承政院日記』 제212책, 康熙 8년(현종 10년) 정월 초6일 경자 ;『顯宗改修實錄』 권20, 10년 정월 경자.
125)『顯宗實錄』 권16, 현종 10년 정월 임인, 같은 기사가 『顯宗改修實錄』 권20, 현종 10년 정월 계묘조에 보인다.
126)『顯宗改修實錄』 권20, 현종 10년 정월 계묘.

다.

左議政 許積은 設倉陸輸의 결과로 생겨날 폐해로, (1) 10여 만석의 漕米를 轉轉 移運하자면 필연코 많은 시일이 소요됨으로 인한 久留廚傳, (2) 監棒入倉時의 落底, 또는 改量時의 人情 등으로 말미암은 漕米 耗損, (3) 設倉處에 民戶가 聚集하기까지는 轉運軍의 抄出이 어려우리라는 점, (4) 漕船이 京江까지 이르지 못한다면 京主人 및 京江邊人이 失業하여 생계를 잃게 되리라는 것, (5) 設倉處로부터 京江船만으로 조운하게 한다면 伴敗之患이나 無面之弊가 오히려 더 심할 것이라는 점 등을 지적하고, 이러한 폐단은 民苦를 가중하게 하는 것인 만큼 設倉陸輸란 불가하다는 것이었다.[127]

---

127) 『承政院日記』 권212책, 康熙 8년(현종 10년) 정월 초10일 갑진.
　　　許積은 上啓에서 漕船의 伴敗之患과 無面之弊에 언급하여 "雖然 外方之人 猶畏官令 故此患尙少 而京江之人 詐僞益甚 伴敗尤多 故各邑守令載稅於京船 有科罪之典 今若載以京船 則伴敗之患 無面之弊 必然尤甚 旣有伴敗之患 無面之弊 則囚繫侵徵 亦所不已 如此則京江騷然不能支持矣"라고 하였거니와 이러한 京江船의 奸僞를 막는 방법으로 왕이 "以初載之船 納米倉所之後 回泊於北浦載來 如何"라고 하문하고 있음에서 設倉陸輸案이 발의될 당초부터 北浦(掘浦北端 加露林灣에 面한 浦口, 設倉後의 北昌所在地)부터 京江까지는 京江船으로 轉輸하게 하려는 것이었음을 알 수 있겠다. 그리고 設倉 後에 더욱 敗船이 많아지리라는 이유로 許積은 京正船의 伴敗의 患 외에도 "十萬石之米 轉運載來 勢將自春至秋 而不能避潦雨之節 故臣愚以爲敗船之患尤多也"라고 하여 6·7월 兩期를 회피하기 어려움을 들고도 있다. 그리고 同上啓에 "且外方船隻之上來者 皆有主人 京江之人 以此爲生涯 今若以京船載來 則此輩皆失所食 京江必然凋殘"이라 보이는 主人은 貢吏와 밀접한 관계에 있었던 京主人을 말한 것으로 보이나(주 138) 참조) 확언하기 어렵다. 京主人과 貢吏와의 관계에 대하여는 李光麟, 「京主人 硏究」(『人文科學』 第7輯 所收)와 千寬宇, 「磻溪 柳馨遠研究(上)」(『歷史學報』 第2輯 所收)을 참조하기 바란다.

　　그러나 判中樞府事 宋時烈은 (1) 漕米의 沈失을 근심해서가 아니라 오직 人命의 익사를 衿測하여서이며, (2) 私穀을 運來할 수 없게 됨은 公을 이롭게 하고 私를 해함이라 하여 設倉陸輸案의 이점을 들고, 設倉으로 말미암은 私物添載의 不能으로 權貴家의 賄賂 私卜의 길이 梗塞하게 될 것을 두려워하는 무리들이 반대를 일삼는다고 하여 그러한 반대론을 공박하였다.[128]

　　이러한 찬반 양론에서 특히 주목되는 것은 私物添載 문제와 京主人의 생계문제가 設倉陸輸案과 밀접히 관련되고 있다는 사실이다. 漕船에 私物을 添載하는 폐단은 일찍이 국초부터 있어 오던 터인데,[129] 임란 후로 국가기강의 해이와 더불어 더욱 그 폐해가 심

---

128) 송시열은 "臣之所達 爲惻人命之渰死也 設令失百斛米 捄得一人之死 則殿下必不愛惜耳 從前聖敎每以沉失 國家經費不足恤 而人名之渰死爲 可務惻云 此乃仁政也"(『承政院日記』 제212책, 康熙 8년[현종 10년] 정월 초10일 갑진), "設倉之後 轉輸之際 自有糜費 雖失數百斛之米 必無人命之渰死 此則利害灼然也"(『承政院日記』 제212책, 康熙 8년[현종 10년] 정월 초10일 갑진), 혹은 "二者(漕渠開鑿案과 設倉陸輸案)可否之際 徒見人命之渰死而已"(『承政院日記』 제212책, 康熙 8년[현종 10년] 정월 초10일 갑진)라고도 하여 設倉陸輸案이 人命 救得에 우선 그 목적하는 바가 있음을 강조하고 있다. 그는 또, "且臣昨已陳達 私穀之不能載來矣 此事利於公 而害於私也"(『承政院日記』 제212책, 康熙 8년[현종 10년] 정월 초10일 갑진)라고 하였으니 이는 私物添載의 폐가 제거됨을 말한 것이다. 『尤庵集』 권13, 庚戌 9월 擬疏條에 자세히 이에 대한 견해가 기록되어 있다. 주 130) 참조.

129) 『太宗實錄』에 三道體察使로 조운의 중책을 위임받은 林整이, "除漕運錢穀外 凡其海産魚藿脯醢竹木等物 悉收重載於公私處 廣行苞苴 以市私惠"하여 다수의 漕船을 패몰하게 했음을 기재하고 있고(『太宗實錄』 권6, 태종 3년 8월 병인), 이러한 添載의 폐를 막기 위하여 세종 28년 9월 辛巳에는 漕船의 적재량을 일정하게 정하고 위반 시에는 논죄하기로 결정하였다(『世宗實錄』 권113, 세종 28년 9월 신사).

해졌다.130) 때문에 『續大典』에는 私物添載를 금하는 엄격한 벌칙을 규정하고 있다.131) 이 私物添載의 過甚함은 敗船의 큰 원인이었고 漕米의 腐臭를 초래하는 원인이기도 하였다.132) 그런데 만약 設倉陸輸하게 된다면 設倉處에서의 監棒改量時에 적발될 것이 당연하고,133) 더욱 漕船으로의 輸送이 설창처까지로 그치고, 설창처로부터 京江까지는 京江船으로 隨時隨運토록 한다면 私物添載할 필요조차 없는 것이다. 무릇 添載되는 私物이란 권세층의 청탁물품134) 그리고 京主人 등의 代納還徵物品135) 등이 그 주된 것들이

---

130) 『尤庵集』 권13, 庚戌 9월 擬疏에 私物添載의 극심한 양상을, "夫船有
　　大小 載有多寡 所載稱其大小 則雖遇風波 無臭敗之患 而惟其私物之添
　　載者 或怵以勢力 或略以償貰 其數或倍於公私矣 彼船格之人 惟思僥倖
　　不計非任添載旣多 水與船平 則乃以藁索添補船上 以防之 小有風浪 則
　　並人命與公私之物而皆沒焉 豈不傷痛也"라고 적었거니와 이러한 私物
　　添載의 폐를 막기 위하여 엄격한 벌칙이 『續大典』에서 마련된 것은
　　이조 후기에 이르러 그 폐해가 더욱 심해진 방증이라고 하겠다.
131) 『續大典』 권2, 戶典 漕轉.
132) 『萬機要覽』 財用編2 漕轉, "添載最是行舡之大忌 臭載之患 多由於此云
　　云". 주 129)·130) 참조.
133) 『承政院日記』 권212책, 康熙 8년(현종 10년) 정월 16일 경술, "(禮曹判
　　書)(金佐明) 對曰 …… 稅船一隻 只許載五百石 而船人輩 貪受價物 多
　　載私穀 以致船重而敗 今若來納於倉所 監捧輸來 則私家之穀 不得添載
　　之矣".
134) 주 130)에 인용한 송시열의 疏文에도 권세층의 강압으로 말미암은 다
　　량의 私物 添載에 대해언급되고 있고, 『經世遺表』에도 "臣謹按 ……
　　而臭載之患 歲不下十餘艘者 一 船制未善也 二 守令有添載也 三 船人
　　有故破"(권2, 地官 戶曹2 漕運司)라고 보인다. 漕運從事員에 있어서도
　　주 129)에서 인용된 三道體察使 林整의 경우가 그 好例이다.
135) 京主人과 貢吏와는 밀접 불가분의 관계에 있어 공물을 京各司에 수납
　　할 때마다 공리는 本官京主人들과 결탁하여 은연한 알선을 얻지 않으
　　면 안 되었다. 때문에 경주인의 공리 侵漁가 심하게도 되어 『續大典』

라 하겠는데, 반대론자의 선봉으로 찬성론자를 不忠之臣이라고 격렬히 비난한 바 있는 刑判 徐必遠이 設倉陸輸하면 私穀의 반입이 頓絶하여 京都民이 漸困하리라고까지 한 바 있듯이 漕船에 의탁한 그러한 私物의 添載가 관례화되었던 것이다.[136] 이토록 添載 運來된 私物은 그 많은 분량이 荷主의 謀利興販의 資로 또는 대납 물품으로 충당되었을 것인즉 私物添載가 불가능하다면 그만큼 市販 혹은 국가에의 수요물품의 공급로가 좁아질 수밖에 없게 될 것이다.

더욱이 漕船의 京江 到泊이 없어지게 된다면 권세층의 謀利의 길이 끊겨질 뿐 아니라 京主人은 그 존재 의의를 減削하게도 되는 것이다.[137]

貢稅의 수납 혹은 수요 物膳의 조달에 있어 국가가 京主人의 매개를 필수불가결로 하였다면 私物添載나 漕船의 京江 到泊을 없앰으로써 받는 불편과 손실은 京主人이나 혹은 권귀가에게만 한정되

───────────────────

에, "外貢上納時 各司私主人 及本官京主人等 侵漁貢吏作弊者 杖一百"(권2, 戶典 雜令)이라는 규정을 두기도 하였다. 경주인은 공물수납을 알선할 뿐 아니라 본관공물의 대납도 하였으니, "京各司所納外方諸船身役 例爲行關本邑 徵捧上送 而如有趁未壬納者 則責徵於各其主人"(『備邊司謄錄』 제53책, 숙종 30년 정월 초8일)이라 함과 같다. 대납한 경주인은 그 대가를, "下往本邑 又徵倍之倍"(同上)함으로써 막대한 이득을 취하였다. 『經世遺表』에, "畢載之大船 或送之于領南 或送之于京江 以倉其贏美"(권2, 地官 戶曹2 經田司)라고 경주인의 貨殖相을 기록하고 있음과 같이 還收한 대납 가물은 공리 그리고 본관수령과의 밀접한 관계로 미루어 쉽게 漕船을 이용하여 添載運來될 수 있었으리라고 짐작된다.

136) 『顯宗實錄』 권16, 현종 10년 2월 기사 ; 『顯宗改修實錄』 권20, 현종 10년 2월 임신.

137) 경주인의 임무에 대하여는 李光麟의 「京主人硏究」, 『人文科學』 제7집 참조.

는 것이 아니라, 수요물품의 조달이 여의치 않게 되는 점에서 국가
자체에게도 적지 않은 지장을 주리라는 것도 지극히 명백하다.

  찬반 양론에서 표명된 設倉陸輸案의 이해득실에는 위와 같이 일
장일단이 있었던 까닭에 찬성파의 논조도 훨씬 누그러져[138] 倉舍
규모도 당초 예정보다 절반으로 줄였고,[139] 1년간을 시행기로 삼
아 그 성과를 살피기로 하였으며,[140] 同年 2월 초10일에 成案된,
'安民倉新設事目'[141]에서 보더라도 반대파에서 주장된 각종 폐해의
제거책이 여러모로 고려되고 있는 것이다.

  사목은 南倉 25間 北倉 15間을 建造하며 삼남세미 16만석 중에
서 4월 晦日까지 원산도에서 捧點한 漕船(총적재 세미량 10만석으
로 추정)은―안흥량 경유―京倉으로 직납하게 하고, 5월 초 1일 이
후의 同島 捧點 漕船(총적재세미량 6·7만석으로 추정)만은 안민
창 남창에 수납토록 하며, 충청도 연해읍세미는 각기 貢津倉, 沔川
등지로 陸輸, 다시 그곳에서 경창으로 해운토록 하며, 북창까지의
陸運 轉運 軍丁은 瑞山 泰安 兩邑民으로 충당하되 每石當 4升의
高役價를 題給할 것이며 북창에서 경강까지의 조운은 回泊 轉運을
원하는 兩南漕船과 牙山倉漕船左水站船, 그리고 戶曹나 宣惠廳帖
文을 소지한 京江船으로 當하게 하며, 경강선의 북창 이남 兩南세
미의 下去賃載를 엄금한다는 등을 골자로 하였다.

  이러한 사목에 준거하여 당초 예정대로 同年 3월부터 착공된 것
으로 보이는데[142] 그 후 언제 준공 畢役하였는지 분명치 않다.[143]

---

138)『顯宗實錄』권16, 현종 10년 2월 병인.
139)『顯宗實錄』권16, 현종 10년 2월 병인.
140)『顯宗實錄』권16, 현종 10년 정월 갑진.
141)『備邊司謄錄』제28책, 현종 10년 2월 초10일.
142)『顯宗實錄』권16, 현종 10년 3월 신해, "(左議政)(許)積 又曰 本道當此
    擧動之日量田及安民貢津倉營建之役 一時並擧 民力有難及 貢津倉則姑

그리고 준공 후의 운영 실태에 대하여도 극히 간략하게 전할 뿐이다. 즉 이듬해 11년 春節 조운기로부터 운영되어 수년간 계속되던 끝에 그 불편함과 폐단이 극에 달하여 廢鎖되고 말았으며, 違令者는 모두 定配하도록 명하였는데도 불구하고 조운마감기를 過眠토록 發船치 않으니 安民倉을 피하기를 마치 死地를 피함과 같았으며, 泰安 瑞山 兩邑의 獄이 違令者로 충만하였다는 것144) 외에는 仔細한 경위를 알 길이 없다. 허나 안민창의 설치 논의를 통하여 거의 設倉陸輸의 이해에만 의논이 집중되었고 안민창에 이르는 천수만과 가로림만의 해양 조건에 대하여는 거의 주목되지 않았다.145) 그렇다고 안민창사목을 비롯하여 設倉處까지의 遡航방법이나 대책을 강구한 바도 보이지 않는다. 만약에 이 해양 조건에 적당한 대책을 마련함이 없이 적재량 500석 이상의 조선146)으로 兩灣 내의 行船을 기도한 것이었다면 滿漸時라도 상당한 위험이 수

　　爲停役 待秋成更擧似便 上從之".

143) 현종 10년 11월 임인에 執義 尹抃이 상소하여, "安民倉役之爲民害"(『顯宗實錄』 권17)라고 한 바에서 同年 11월까지 畢役치 못했음을 알겠다.

144) 『顯宗改修實錄』 권22, 현종 11년 5월 무진, "上又曰 安民倉民甚苦之 違令者 皆令定配而猶不赴限發船 蓋避安民如避死地 兵判 金佐明曰 泰安瑞山等邑獄皆滿矣"라고 하고 계속하여, "經歷數歲勢窮弊極 卒不可行 然後罷之"라고 廢鎖된 경위를 간단히 기재하고 있다.

145) 設倉陸輸議에서 設倉處 즉 굴포 일대의 지세에 언급한 것은 현종 10년 2월 병인의, "無水處十里餘 漕運來泊海中 待潮水大至艤岸 則臣恐敗船尤有甚焉"(『顯宗實錄』 권16)이란 좌의정 허적의 上啓文 중 1절 뿐이다.

146) 이 시기의 漕船(大船) 1척당 적재량은 국초나 다름 없이 500석이 한계였다. 그러기에 『承政院日記』 康熙 8년(현종 10년) 정월 초10일 갑진조에 "上曰 所載隻當 用幾許 許積曰 國法只令一船載五百石"이라 보인다.

반했을 것이니 그것은 태종조의 漕渠開鑿의 경우를 돌이켜 보면 알 것이다. 過限토록 發船치 않고 死地를 피함과 같았던 까닭이 이런 데 있지 않았던가 생각된다.

5. 結語

현재의 충청남도 서산군 근흥면 安興前洋인 安興梁은 海中 곳곳의 岩角과 억센 풍랑, 빠른 조류 그리고 심한 간만의 차로 말미암아 서해에서 가장 험난한 항해 지역으로 손꼽혔던 곳이다. 특히 연안에 근접해서 운항되던 漕船의 경우에 그 위험도는 훨씬 더 하였다.

이 험난한 海域 안흥량을 불가불 경유하여야 했던 漕船은 임란 전에는 慶尙下道의 漕船이 약간 시일동안 있었던 것을 제외하고는 모두 전라도 조선이었다. 전라도의 1년 세미는 국초에는 70,000내지 90,000석 정도였고, 그 후로 漸增하여 中宗代에는 100,000여 석에 달했다. 임란 후로 경상 및 충청 양도의 연해 諸邑稅米도 諸邑마다 京都로 조운 직송하게 되었고, 게다가 大同法의 시행도 겹쳐져 자연 안흥량을 경유하는 漕船의 數爻도 증가하고 따라서 조운 세미의 수량도 늘어 顯宗代만 하더라도 16,000석에 달했다. 이토록 증가된 漕船이나 稅米도 그 중의 대부분이 역시 전라도의 것이었다. 전라도는 그 입지적 조건으로 하여 他道와는 달리 稅米의 수송을 조운에 의지할 수밖에 없었다. 그러므로 안흥량을 爲始한 여타 해역에서의 敗船 피해도 가장 많을 수밖에 없었다.

안흥량에서의 漕船의 敗沒은 연례행사와도 같이 빈번히 繼起하였고, 그로 인한 인명, 세미 손실은 말할 나위도 없고, 漕卒役의 기피, 漕船의 新造, 손실 세미의 換徵 등 갖가지 폐해가 파생했다. 漕船의 敗沒이 안흥량에서만 있었던 것은 물론 아니다. 하지만 안흥량은 전체 조운로 중에서 어느 해역보다도 그 피해가 많았던 곳이므로 이곳에서의 敗船을 방지할 수만 있게 된다면 전체 피해액이나 각종 폐해를 크게 감축시키게 되는 것이다. 장구한 시일을 두고 끈질지게 그 해결책이 모색되었던 까닭도 여기에 있었다.

안흥량에서의 漕船 敗沒의 방지책으로, (1) 현재의 충청남도 서산군 태안면 인평리 근처인 굴포에 천수만과 가로림만을 직결하는 漕渠를 개착하려던 案, (2) 역시 현재의 충청남도 서산군 소원면 의항리 근처인 水踰洞(鄕名, 무내미) 협곡에 대안흥만과 소근만을 직결하는 漕渠의 개착안, (3) 그리고 굴포 남북해안에 각각 남창, 북창(兩倉을 합쳐 "安民倉"이라 호칭)을 두어 북상하는 漕船으로 하여금 천수만을 逆航하여 남창에 漕米를 下陸하게 한 뒤 남창에서 북창까지 車馬로 陸輸토록 하고 북창에서 다시 조운하게 하자는 안의 3방안이 강구되었으니, 모두 안흥량을 경유치 않고 牙山灣으로 나올 수 있도록 하려는 구상에 입각한 방안이었다.

掘浦漕渠開鑿案은 이미 고려 중엽부터 시도되어 왔던 터로 이조시대에 계승되었다. 태조 4년(1395)부터 현종 10년(1669)에 이르기까지 논의되기를 아홉 차례, 논의 끝에 실제로 착공된 적이 두 차례, 착공하여 준공된 적이 태종 13년(1413)의 단 한 번이었다. 이 태종 13년의 성공은 貫流式이 아닌 閘門式에 근사한 5개 소의 저수지를 계단식으로 조성함으로써 가능하였다. 그러나 遲運의 번거로움과 각 저수지 규모의 협소 등 通船에 이용되기에는 미흡한 점이 적지 않아 준공의 보람도 없이 폐기되었다. 세조 7년(1461)에서 同王 10년까지 4년간에 걸친 계속적인 施工도 허사로 돌아갔다. 이토록 굴포의 漕渠 개착이 至難하였으므로 굴포외의 지역에서 개착하기에 적합한 곳을 물색한 결과로 선정된 곳이 의항 근처의 수유동 협곡이었다. 이 의항 개착이 중종 17년(1524)에 시도되었으나 실패하였고, 同王 32년(1537)의 再施工에서 그 준공에 성공하였다. 그러나 역시 通船에 이용될 수는 없었다. 이와 같이 兩處의 漕渠 개착은 모두 실패로 돌아갔던 것이니 그 이유는 대충 다음과 같이 열거될 수 있다.

(1) 서산군의 해안선 일대가 간조시에는 광대한 갯벌로 변모한다는 해양조건으로 말미암은 얕은 수심과 갯벌의 泥土가 조수에 밀림으로써 개착된 漕渠의 塡塞이 불가피하였다.

(2) 태안반도를 동서로 가로지르는 小山脈의 암석층(굴포의 경우 고 20장)의 鑿開가 지난하였다.

(3) 암석층의 착굴이 오직 錠, 鐵椎 등의 유치한 토목공구에만 의존해야 했다.

위와 같은 원인이 직접적인 원인이었다면 매번의 개착 논의에서의 廷論의 불통일은 개착을 단념하게 하거나 遷延 혹은 중단치 않을 수 없게 하였더니만큼 이러한 인위적인 장애를 간접적인 원인으로 간주할 수 있겠다.

번번히 실패만을 거듭하는 漕渠開鑿에 대치할 수 있는 차선책으로서 設倉陸輸案이 처음 제기된 것은 세조 원년(1455)이었다. '永新倉'이라는 倉舍가 마련되어 잠시 운용된 듯도 한데 얼마 아니하여 혁파되었다. 그후로도 여러 차례에 걸쳐 이를 주장하는 이가 있었으나 모두 논의에 그쳤다. 이의 실현이 가장 요망되고 빈번히 廷論에 오르게 된 것은 효종·현종 兩朝의 일로 潛谷 金堉, 尤庵 宋時烈이 그 首唱者였다. 현종 10년(1669)에 領議政 鄭太和, 左議政 許積, 刑曹判書 徐必遠 등 다수 朝臣의 반대에도 불구하고 判中樞府事 宋時烈의 강력한 주장으로 "安民倉"이 설치되었다. 漕船 敗沒

의 患을 해소시킬 수 있을 뿐 아니라, 私物添載의 폐를 없앨 수 있다는 것이 찬성론자의 소견이었다. 그러나 반대론자들은 오히려 敗沒의 患이 더할 것이며, 私物添載나 漕船의 京江 上來를 금지한다면 京主人 및 京江邊人의 생계가 끊긴다는 이유를 내세워 반대하였다. 私物添載의 폐는 漕船敗沒의 큰 원인이 되는 것이었으므로 시정되어야 할 문제였지만 한편으로 그렇게 함으로써 京都民이나 정부의 需要物品 조달에 많은 지장을 주게 되리라는 점이 예상될 수도 있는 문제였다고 생각된다. 이러한 논쟁을 거듭한 끝에 실현된 안민창은 불과 수 년간 운영되었을 뿐 끝내 혁파되고 말았다. 이토록 단명에 그치고 말았던 이유를 분명히 알 수 없다. 그러나 안민창 남창까지 다다르려면 얕은 수심과 嶼草의 산재로 위험한 천수만을 逆航해야 했던 것이 큰 원인의 하나였으리라 짐작된다.

끝으로 안민창 치폐 문제의 좀더 정연한 해명은 京主人 등 貢人層과의 관계 그리고 大同法과의 관련 등에 대한 검토가 있어야 비로소 가능하리라는 점을 附言한다.

附篇

蟻項考

1. 序言

　　토지국유제의 집권적 특질에서 연유한 조세의 조운은 지대의 납부 형태인 만큼 국가 재정상의 생명선이다. 즉 각 지방 군현의 조세를 관할 地方倉에 납부하게 한 후 매년 일정 기간 내에 漕船으로 京都에 운반하였다. 이와 같이 하여 봉건적 국가를 유지하는 데 필요한 일체의 자원이 조달되었다. 그러므로 정부는 조운의 안전하고 정상적인 운행에 세심한 주의와 만전의 노력을 경주하였다.

　　충청남도 태안반도 서단의 安行梁(현재는 關障項, 官首角 鄕名 관장목, 과거에는 안행량 외에 安恒梁, 安興梁, 安行渡 등으로도 불려짐)은 전라도 지방의 田稅米를 운송하는 조선의 항로상에 위치하여 위험 수로로 손꼽혔으며, 조선의 敗沒이 매년같이 잇달아 漕卒과 적재 전세미의 손실이 막대하였다. 그러므로 이곳 안행량에서의 해난 방지책이 논의된 것은 이미 고려 인종대부터였다. 그 방지책이란 안행량을 통과하지 않더라도 아산만 쪽으로 나올 수 있도록 태안반도의 腰部인 굴포(현재의 태안면 인평리, 鄕名 판개)에 남북으로 貫流하는 수로를 개착하여 가로림만과 남쪽의 천수만을 직결시키자는 안이었다.

이것은 확실히 좋은 착안임에 틀림없었다. 고려 인종 이후 이조 세조대까지 전후 4차에 걸쳐 시공된 바 있었다. 그러나 매번 실패로 돌아가 실효를 거두지 못하였다. 이조 중종대에 이르자 그와 같이 실패만을 거듭하는 굴포에 대신하는 새로운 개착 지역을 물색하게 되고 그 결과 蟻項이 신개착지로 선정되었다.

안행량의 해난을 방지하기 위한 굴포의 수로 개착 史實에 대한 최근의 서술로는 『忠淸南道誌』(494〜505쪽)에 게재된 盧道陽氏 집필에 系하는 「加積運河·開鑿의 歷史地理的 考察」이란 항목을 거론할 수 있겠다. 이 항목은 사료 인용이나 해석에 있어 시정을 요하는 점이 없지 않으나 비교적 굴포 개착 사실을 자세히 기록하였다. 그런데 그 글의 제목과는 직접 관련이 없는 安眠串의 鑿通을 부기하면서도 의항 개착에 대해서는 일언반구도 비친 바 없다. 필자는 일전의 「僧人號牌考」(『東方學志』 6, 189〜217쪽)란 논문에서 이 의항 개착이 승군과 관련되는 까닭에 약간 언급한 바가 있었는데 거기서 의항의 위치를 안행량 근처의 어느 곳이라고만 막연한 추측을 내린 바 있었다. 이렇듯 이왕 내친 김이라 의항의 위치와 개착 사실을 밝혀 볼 양으로 이 글을 엮는다.

서술의 편의상 태안반도의 서쪽 新興里 以西를 近興半島, 국수봉 以北을 蟻項半島로 부르기로 한다.

2. 蟻項開鑿處의 比定

우선 의항 개착처를 현재의 어느 지점에 비정할 것이냐는 문제부터 검토하여야겠다. 實錄에 의하면 漕船이 굴포를 경유하는 경우와 안행량을 경유하는 경우를 비교하면서 안행량 경유 시에는

400여 리를 우회하게 된다고 하였다. 굴포는 고려 인종대로부터 수로의 개착이 누차 시도된 곳으로 태안반도의 腰部를 이루는 태안과 서산의 중간 지점에 위치한다. 이곳을 남북으로 개착하면 北의 가로림만과 南의 천수만을 직결시키게 됨으로써 전라도지방의 貢稅를 적재한 漕船이 안행량으로 우회할 필요 없이 무난히 牙山灣으로 빠져 나올 수 있었다.

그런데 중종대에 이르러 굴포의 수로를 대신할 수 있는 새로운 수로 개착 지점으로 의항이 선정되었다. 안행량 근처의 새로운 개착지를 물색하기 위해 현지에 파견되었던 敬差官의 말을 빌리면 안행량 근처의 의항을 개착한다면 功役이 적게 들 뿐더러 航海上의 危險路도 회피할 수 있으니 굴포를 경유하는 것보다 300여 리를 우회하게 된다는 것이다. 이 경차관의 견해에서 의항의 현재 위치를 대체로 종잡을 수 있다. 즉 의항은 안행량 근처에 위치하여 안행량 등의 위험 항로를 경유치 않는 지점이니 안흥항에서 대안흥만으로 빠져 북상하는 항로가 마주치는 所遠半島의 어느 지점임을 먼저 상정할 수 있겠다.

다음으로는 소원반도에 수로를 개착함으로써 所斤灣과 연결될 수 있는 지점이 북상하는 항로의 귀착지가 되어야 할 것을 쉬이 생각할 수 있다. 소근만으로 빠질 수 있는 소원반도의 최단지역은 所遠面 松峴里 水踰洞이다. 우선 이 수유동 지역을 개착지점으로 가정하고 보면 경차관의 의항 수로를 경유하면 300여 리를 우회한다는 말이 수긍될 수 있다. 왜냐하면 가정한 이 개착 수로를 경유한다면 안행량 경유 시 400여 리의 우회 항로보다는 훨씬 거리가 단축됨이 자명하기 때문이다. 소원반도를 횡단하여 所斤灣口로 나오는 항로와, 안행량을 경유하여 所斤灣口로 오는 항로 사이에 실제로 100여 리의 간격이 있는 것으로는 볼 수 없으니 이것은 실측

이 아닌 대충의 추정에서 온 과장이라고 보인다. 수로 개착 지점으로 가정한 이 수유동 지역은 굴포 개착 거리의 반정도가 채 되지 못한다. 그러므로 이 지역을 개착한다면 개착 거리만으로도 굴포의 경우보다 功役이 훨씬 덜 들 것이니 의항을 개착하면 공역이 적게 든다는 이야기와도 부합된다.

다음에는 이와 같은 想定과 현지 답사를 통해서 얻은 결과를 비교 검토하여 보기로 하자. 現今의 5萬分之1 지도를 펴놓고 보면 대번 안행량 근처 의항반도 북단에 의항리(鄕名, 개미기 개목)란 곳이 발견될 것이다. 이곳 의항리는 서산군 소원면에 속하며 국수봉의 능선을 경계하여 남쪽 松峴里 2區와 접하며 의항반도의 最腰部를 경계하여 1·2區로 나뉘어 있다.

그런데 이 의항리 관내에서는 안행량이란 難航路를 회피할 수 있는 수로의 개착을 생각할 수 없다. 그래서 과거의 의항은 현재 행정상의 구역보다 더 넓은 지역을 포함했던지, 그렇지 않으면 의항인근 지역을 편의상 의항이라고 통칭했던 것이 아닐까 하는 추측을 가져 보았다. 즉 과거 의항의 행정상 구획이 현재보다 넓었다면 몰라도 만약에 같았다면, '의항개착'이란, '의항 근처의 개착'을 약칭한 것으로 보는 수밖에는 도리가 없다.

'의항개착'의 뜻을 이렇게 釋解하고 다시 地圖上에서 안행량을 회피할 수 있는 수로의 개착이, 공역을 적게 들이고도 쉽게 施工될 수 있는 지점을 찾아보았던 바 그런 지점으로 우선 의항리와 접경을 이루는 松峴里 水踰洞을 지목할 수 있었다.

의항리 2區 남단과 松峴里 2區 수유동(태안에서 茅項에 이르는 國道를 경계하여 남측이 1區, 북측은 2區로 구별하고 있음)과의 경계를 이루는 '국수봉'과 이 '국수봉' 바로 동쪽 건너편에 바라다 보이는 大小山(鄕名 대산)과의 사이에 남북으로 뻗친 협곡이 있다.

이 협곡의 남북단은 각기 大安興灣과 所斤灣으로 끝맺어진다. 협곡의 길이 즉 남북 汀線間의 거리는 5리 미만이다. 이 협곡의 중간 지점에 남북의 분수령을 이루는 등성이를 '무내미 고개'라고 부르고 있다. 고개라기보다 언덕이라고 함이 어울린다. '무내미 고개'에서는 남북 해안선이 바로 지척지간에 바라다 보인다. 이 고개 남·북의 느릿느릿한 내리막 경사지에는 계단식 畓이 해변 가까이까지 줄지어 있다.

이곳에 수로를 개착한 흔적이라도 더듬어 볼 양으로 협곡을 남북으로 횡단하여 보았지만 이렇다 할 만한 것을 찾아 볼 수 없었다. 420여 년을 경과한 오늘 그 사이의 자연적인 혹은 인위적인 相當한 지형의 변모를 예상할 수 있는 터에 그러한 흔적을 찾아본다는 것이 무리인 줄은 알면서도 여하간 이 지역은 현재의 토목공구를 사용한다면 약간의 시일과 노력만으로 쉬이 남북의 바다를 연결하는 수로를 개착할 수 있겠다고 느껴졌고, 과거의 의항 개착처가 바로 이곳이었을 것이라는 생각이 한층 굳어졌다.

위와 같은 송현리 수유동의 지세를 살피고 난 뒤에 이곳에서 전하는 역사상의 수로 개착 史實이나, 혹은 그에 관련된 古談이나 전설을 혹시 들을 수 있을까 하는 기대를 품고 이곳 유지로 부농(2만여 평의 경작지를 가진 자작농이었다)인, 얼마 전까지 송현리 이장을 보았다는 金奉德氏(52세)를 무내미 고개 근처의 自宅으로 찾아 갔다.

그는 수로 개착의 史實에 대해서 들은 바 없으나 일제말기에 東拓에서 이곳에 미곡 증산을 위한 간척지 조성을 계획한 일이 있는데, 이 간척지에 江水를 공급하기 위해 이 협곡을 남북으로 꿰뚫는 灌漑用 水路를 間鑿할 계획을 세웠다가 終戰으로 成事치 못하였다고 하고, 해방 후에 京鄕의 유지들 사이에서 일제 때의 계획을 실현해 보려는 움직임이 누차에 있기는 하였으나 尙今까지도 말뿐인 형편이라는 이야기를 들려주었다. 관개용 수로란 이곳에서는 大安興灣으로 흘러 들어가는 하천이 없어 협곡 남단에 간척지를 만든다 하더라도 江水를 공급할 길이 없어 농지로서의 개간이 불가능하기 때문에 하천이 비교적 여러 곳으로 흘러드는 소근만 쪽을 막아 저수지로 만들고, 이 저수지의 물을 다시 南流하게 하여 대안흥만 쪽 간척지로 공급하게 하기 위한 것이었다.

그는 '무내미 고개'의 '무내미'란 '물낸기'란 뜻이라고 알려 주었다. 그의 설명으로 수유동이란 바로 '물낸기'라는 鄕名을 漢字로 표기한 것임을 알 수 있었다.

필자는 '수유' '무내미'란 지명에 주의하였다. 그것은 의항보다 훨씬 이전부터 수로 개착이 시도된 바 있는 굴포의 경우를 연상했기 때문이다. 굴포라는 지명은 수로 개착에서 유래한 것으로 보이는데, 이 굴포란 지명은 세조대의 기록에 처음 나온다. 고려 중엽부터 이조 태종대까지만 하더라도 굴포라고 하지 아니하고 洪州蘇大縣境, 泰安 瑞州之境 혹은 薲提渠라고 불리웠을 뿐이다. 그러므로 여러 차례 수로 개착이 거듭되는 동안에 굴포라는 지명이 부쳐지게 되었다고 보아진다. 이렇게 굴포란 지명이 수로 개착에서 유래했다고 본다면, 水踰란 洞名의 유래도 같은 경우를 생각할 수 있지 않을까 한다. 굴포에 '판개골'이란 곳이 있는 것도 水踰洞에 '무내미 고개'와 비교되어 위의 생각에 보탬이 되겠기에 적어 둔다.

굴포란 지명이 이미 세조대의 기록에 보이는 것과 달리 水踰란 지명은 古記에 전혀 보이지 아니한다. 그래서 혹시 水踰란 지명이 東拓의 수로 개착계획에 연유하여 부쳐진 것이 아닐까 하는 생각이 들기에 이 점을 살펴보련다. 송현리의 김씨도 확실치는 않으나 東拓의 수로 개착에서 유래하지 않았나 생각된다고 하였다.

東拓의 간척사업이 계획된 해는 1918년(大正 7년)이며 이 사업이 본격적으로 착수된 것은 1920년(大正 9년)에 조선총독부가 제1차 산미증식계획을 수립하면서부터의 일이다. 그런데 일제 말이 아니라 일제 초기에 간척사업이 첫 발을 내디디기 이전부터 水踰란 지명은 붙여져 있었다.

한말 지방행정구역은 그대로 조선총독부에 의해서 답습되었고 그것이 총독부에 의해 개편되기는 1914년(大正 3년)의 일이다. 개편 후 현재까지의 충청남도 서산군 소원면 송현리 수유동은 개편 전에는 충청남도 태안군 원1면 수유리였다. 이러한 즉 水踰란 결코 東拓의 간척사업과는 하등의 관련이 없는 지명임이 분명하다.

이와 같이 東拓과 무관하다 하여 이내 水踰란 지명이 중종 때의 수로 개착에 유래한다는 결론을 이끌어 낼 수는 없다. 지명의 유래를 확인할 수 없다고는 하더라도 다음과 같은 所見은 가져 볼 수 있지 않을까 한다. 즉 오래 전부터 이 水踰洞이란 곳이 부근 주민들에 의해서 남·북의 해수를 왕래하게 할 수 있는 지점으로 지목되어 왔기에 그와 같은 지명이 부쳐지게 되었을 것이며, 비록 近者의 일제 시기의 일이기는 하나 이곳의 개착이 계획된 바 있고 또 해방 후 오늘날까지도 줄곧 개착이 논의되고 있다는 사실을 통해서 중종대에 의항 근처에서 개착처가 물색될 때에도 역시 이곳 수유동이 가장 적합한 지점으로 지적되었을 것이다. 흔히 우리는 정치적·군사적 요충이 문명 발달에도 불구하고 예나 지금이나 별로 변함이 없음을 보는 터이다.

安興의 大安興灣 쪽 해변가에서 본다면 바다 저멀리 수유동 협곡의 남단이 바라다 보인다. 안흥 수유동 협곡 所斤灣口는—일직선상에 놓여 있어 수유동의 개착을 전제한다면—안흥만을 경유하여 所斤灣口로 빠져 나오는 최단 항로가 될 수 있다.

3. 의항개착의 史傳

　　이제 의항 근처의 現今 수유동 협곡으로 추정되는 所謂 의항 개착 史實을 더듬어 보아야겠다.

　　의항 개착이 처음 기도된 것은 중종 17년 1월의 일이다. 이보다 한해 전인 18년 8월에 金銓·南袞 등은 안행량에서 매년같이 전라도 漕船이 敗沒되는 폐해를 제거하기 위한 방안으로 안행량을 경유치 않고 牙山灣으로 나올 수 있는 수로 개착을 건의한 바 있었다. 그리하여 때마침 牧場移設事로 충청도로 가게 될 三道體察使 高荊山으로 하여금 수로개착 후보지의 선정을 위한 현지 답사를 兼務하게 했다. 이듬해 7월에 高荊山은 의항이 가장 적합하다는 답사 결과를 復命하고 아울러 수군으로써 개착군에 충당할 것을 上啓하였다. 이 고형산의 복명에 의거해서 의항 개착이 결정되었다. 그 후의 시공 과정을 자세히는 알 수 없으나 3,000명의 軍丁이 동원되어 4개월 간에 걸쳐 공사가 진행되었는데 거의 완공 단계에 이르러서 그만 中罷되고 말았다. 그 이유는 수로 개착에 대한 朝臣들의 讒謗이 심했던 때문이라고 전한다.

　　그 후로 안행량 근처의 수로개착 문제는 그 실현이 遷延되어 오다가 중종 28년에 이르러 李龜齡이 역시 안행량에서의 漕船의 敗沒이 매년 繼起함에 鑑하여 이에 대한 적절한 대책이 있어야겠다는 의견에서 발단하여 다시금 수로개착 문제가 대두되었다. 개착의가 재론되자 朝臣 間에는 개착의 득실보다도 軍丁 동원, 그것도 軍丁으로 징발하게 된 승려에게 호패를 주느냐 안주느냐는 지엽적인 문제를 가지고 오래도록 집요한 논쟁이 전개되고 격렬한 정치적 대립을 빚어냈다. 그리하여 同王 32년 2월에야 착공을 보게 되었다.

　　안행량 굴포 敬差官으로 임명된 李倪은 同王 31년 9월에 현지 답사의 결과 굴포와 의항 두 곳을 개착하기에 적합한 곳으로 선정하고 특히 의항을 최적지로 보고하였다. 그러나 당시의 左相 김안로, 右相 尹殷輔가 의항보다는 굴포가 더욱 유리하다고 주장함으로써 재차 현지 답사를 하게 되었다. 이에 戶判 蘇世讓이 직접 擇地敬差官으로 충청도에 내려가 忠淸監司 尹安仁과 同途審地하게 되었다. 戶判의 審地 결과도 역시 의항을 지목하였던 모양으로 同年 11월경에는 의항 開鑿事目이 작성되고 監役官 察理使에 朴守良 從事官에 李倪이 각기 임명되었다. 하지만 계절은 이미 冬節이요 때마침 天使의 來朝로 奔忙도 하던 차라 자연 착공도 늦어졌다. 그러나 明年 春節 조운기까지는 완성시켜야겠다는 것이 당초의 정부 의도였기에 다음해 32년 2월에 察理使로 金秀淵이 대체되면서 바로 공사에 착수하였던 모양이다. 同年 4월에는 부역 승군이 5,000여 명을 헤아렸고 공정도 퍽 진척되었다. 과연 당초의 의도대로 조운기(遠地는 5월 말까지이다)에 맞추어 완공되었는지 분명치 않지만 同年 7월에 監役官인 察理使 金公奭(공사 도중 金秀淵과 교체됨)과 從事官 李倪에게 공로를 치하하는 賞賜가 행하여진 바 있다.

　　監役官에 대한 시상이 논의될 때에 陞階論이 보유되고 熟馬 1필의 賞物만으로 그쳤던 까닭은, 개착은 되었지만 아직은 '久效之功'을 확인할 수 없다는 이유 때문이었다. 이같이 완공 당초부터 그 효용이 미심쩍게 여겨졌던 것인데 그러한 기우는 얼마 아니하여 기우 아닌 사실로서 나타났다. 즉 同王 33년 9월에 大司憲 黃憲이 말한 바에 의하자면 개착하자 바로 막혀 버려 공역의 보람이 허사로 돌아갔던 것이다.

　　생각건대 당시의 유치한 토목기술과 役軍들이 각자 지참했을 곡괭이, 부삽, 가래 등 농구 정도의 미미한 공구만으로는 지하 혹은 수중의 암석층을 캐어 내고 최저 4척에서 5척(조선 적재량을 800~1,000석으로 잡을 경우)정도의 수심을 갖는 수로를 개착하기란 그리 용이한 일이 아니었을 것이다. 더구나 태안반도 해안선 거의 전역에서 간조 시에 볼 수 있는 넓은 갯벌은 간만 어느 때든 선박 운행에 장해물인 바, 이 갯벌을 개착하여 수로를 마련한들 오래지 않아 수로 양변의 진흙으로 매몰되고 말 것이 아닌가, 그뿐 아니라 육지의 수로도 해수에 밀려 닥치는 진흙으로 조만간 堙塞되지 않을 수 없을 것이다. 앞서 黃憲이 개착하자마자 인색되어 불통하게 되었다는 말은 이러한 지경을 두고 말한 것으로 생각하여 틀림없 겠다.

4. 結語

마지막으로 의항 開鑿事를 더듬어 보는 가운데에 느낀 바를 몇 마디 적어 이 글을 끝맺으려 한다.

자연에 순종하는 것만을 능사로 삼고 자연에 도전하여 자연의 장해를 극복함으로써 利用厚生에 資할 줄을 몰랐고 國利民福을 꾀할 줄 몰랐던 우리 生民의 행적에서 비록 10리에도 미치지 못하는 수로의 개착이나마 지맥을 꿰뚫고 남북의 海水를 貫流하게 하여 舟揖의 便을 도모하려던 일이었기에 여기 그 시말을 적어 보았다.

대국에서는 5백 리도 거뜬히 파내는데 하물며 僅僅 10리 미만을 小華인들 못할 리 어디 있으랴. 이렇듯 대국을 모범삼아 안행량 해 난에서 면해 보려던 끈기있는 노력도 미미한 공구와 가난한 백성 의 肩力만으로는 가능한 일이 아니었다. 현종대에 尤庵이 굴포의 개착을 한 번 역설한 적이 있기는 하나 논의에 그쳤으니 개착의 노력도 兩次의 의항역을 마지막으로 다시 있지 아니하고 망국에 이르렀고 일제 말에 관개용 수로란 다른 목적 아래 시공 계획이 서기도 하였다.

일본인에게는 우리 땅이 식량공급지로서 저들의 생명선이었기에, 그리고 이조 왕가와 양반들은 조운이 그들의 생명선이었기에 각기 수로개착을 서둘렀다.

어떤 때는 60여 척의 조선이 침몰하여 200여 명의 조졸이 葬魚腹되는 참상에 대한 治者로서의 연민의 정도 작용하였겠지만, 그보다는 일시에 거의 6,000석(전라도의 1년 田稅米가 태종대에는 70,000여 석이었음)을 헤아리는 田稅米豆의 손실이 개착을 거듭하게 만들었을지도 모를 일이다.

자체의 생명선 확보를 위해 시급히 해결하여야 할 重事를 가지고 논쟁으로 문제의 해결을 중단하게 하거나 遷延하게 한 이조의 儒臣들이었고 또 그들의 생명선의 확보를 위한 工役에 그들이 즐겨 非人 취급을 하던 승려의 힘에 의지하게 되었다는 점 등 아이러니컬한 양상은 바로 이조 국가가 내포한 모순의 노정으로 보아 마땅하지 않을까.

자연에 도전함으로써 번번이 맛보아야 했던 굴복의 고배에서 이씨 왕조의 왕과 양반의 능력과 권력의 한계를 感得하지 않은가.

參考文獻

史料

『高麗史』, 國故叢刊 1, 延世大 東方學研究所, 1955.
『高麗史節要』, 學習院 東洋文化研究所, 東京：日本, 1960.
『高麗圖經』, 梨花史學資料叢書 2, 梨花史學研究所, 1970.
『朝鮮王朝實錄』, 國史編纂委員會, 1955~58.
『備邊司謄錄』, 國史編纂委員會, 1959~60.
『承政院日記』, 國史編纂委員會, 1961~76.
『經國大典』, 朝鮮總督府中樞院, 1934.
『續大典』, 朝鮮總督府中樞院, 1935.
『大典續錄』, 朝鮮總督府中樞院, 1935.
『大典後續錄』, 延世大 中央圖書館, 1543.
『萬機要覽(財用編)』, 朝鮮總督府中樞院, 1937.
『大明律直解』, 朝鮮總督府中樞院, 1936.
『度支志』, 民族文化社, 1972.
『增補文獻備考』, 以文社, 1975.
『磻溪隨錄』, 古典刊行會, 1958.
『逸事紀聞』, 朝鮮古書刊行會編『大同野乘』所收, 1909.
『經世遺表』, 京仁文化社刊『與猶堂全書』所收, 1970.
『燃藜室記述』, 朝鮮古書刊行會, 1942.
『東史綱目』, 朝鮮古書刊行會刊, 京仁文化社復刊, 1970.
『新增東國輿地勝覽』, 朝鮮史學會, 1930.
『世宗實錄地理志』, 朝鮮總督府中樞院, 京仁社復刊, 1974.
『重訂 慶尙道地理誌』, 朝鮮總督府中樞院, 1938.

『重訂 慶尙道續撰地理誌』, 朝鮮總督府中樞院, 1938.
『大同地誌』, 金正浩編, 延世大 中央圖書館.
『擇里志』, 李重煥編, 延世大 中央圖書館.
『輿地圖書』, 國史編纂委員會, 1973.
『重訂 南漢誌』, 洪敬謨編, 서울大 奎章閣圖書.
『東國名山記』, 東國外國語大學校友會, 東京：日本, 1909.
『大東輿地圖』, 慶熙大 韓國傳統文化研究所, 1947.
『漢京識略』, 서울特別市史編纂委員會, 1956.
『東國輿地備攷』, 서울特別市史編纂委員會, 1956.
『戶口總數』, 서울大 古典刊行會, 1972.
『陽村先生文集』, 延世大 中央圖書館, 1674.
『三峯集』, 國史編纂委員會, 1961.
『訥齋集』, 延世大 中央圖書館, 1791.
『眉巖日記』, 朝鮮史編修會, 1936.
『西厓集』, 延世大 中央圖書館, 1633.
『谿谷先生集』, 延世大 中央圖書館, 1642.

著書

姜萬吉, 『朝鮮時代 商工業史研究』, 한길사, 1984.
姜萬吉, 『李朝의 商人』, 春秋文庫, 1975.
姜晋哲, 『高麗土地制度史研究』, 高大出版部, 1980.
高橋 亨, 『李朝佛敎』, 寶文館, 1929.
高承濟, 『近世韓國産業史研究』, 大同文化社, 1959.
高承濟, 『韓國社會經濟史論』, 一志社, 1988.
金玉根, 『朝鮮王朝 財政史研究 Ⅰ・Ⅱ』, 一潮閣, 1984・87.
金玉根, 『朝鮮土地制度史研究』, 大旺社, 1980.
金在根, 『韓國船舶史研究』, 서울大 韓國文化研究所, 1984.
金泰永, 『朝鮮前期 土地制度史研究』, 知識産業社, 1983.
金鴻植, 『朝鮮時代 封建社會의 基本構造』, 博永社, 1981.
旗田 巍, 『朝鮮中世社會史の研究』, 法政大出版局, 1972.

麻生武龜, 『朝鮮田制考』, 朝鮮總督府中樞院, 1940.

閔成基, 『朝鮮農業史研究』, 一潮閣, 1988.

朴元善, 『負褓商』, 韓國研究院, 1965.

浜中 昇, 『朝鮮古代の經濟と社會』, 法政大出版局, 1986.

瑞山郡誌編纂委員會, 『瑞山郡誌』, 1982.

西嶋定生, 『中國經濟史研究』, 東京大出版會, 1966.

서울特別市史編纂委員會, 『漢江史』, 1985.

孫禎睦, 『朝鮮時代都市社會研究』, 一志社, 1977.

永原慶二 外, 『日本經濟史大系2 中世』, 東京大出版會, 1965.

柳子厚, 『朝鮮貨幣考』, 學藝社, 1940.

陸軍士官學校, 『朝鮮軍制史』, 陸軍本部, 1977.

李景植, 『朝鮮前期 土地制度史研究』, 一潮閣, 1986.

李相伯, 『李朝建國의 研究』, 乙酉文化社, 1949.

李樹健, 『韓國中世社會史研究』, 一潮閣, 1984.

李仁榮, 『韓國滿洲關係史의 研究』, 乙酉文化社, 1954.

李章熙, 『壬辰倭亂僧軍考』, 李弘稙博士回甲記念韓國史學論叢, 1969.

李載龒, 『朝鮮初期社會構造研究』, 一潮閣, 1984.

李載昌, 『高麗寺院經濟의 研究』, 東國大 韓國學研究所, 1976.

李春寧, 『李朝農業史研究』, 韓國研究院, 1964.

李泰鎭, 『韓國社會史研究』, 知識産業社, 1989.

李鎬澈, 『朝鮮前期農業經濟史』, 한길사, 1986.

田中正俊 外, 『中世の都市』, 學生社, 1982.

田川孝三, 『李朝貢納制の研究』, 東洋文庫, 1964.

朝鮮總督府, 『李朝の財政』, 1936.

佐佐本銀, 『中世上品流通史の研究』, 法政大出版局, 1976.

佐波宣平(李顯鍾譯), 『交通經濟學』, 檀大出版部, 1981.

忠淸南道誌編纂委員會, 『忠淸南道誌』, 1963.

彭信威, 『中國貨幣史』, 上海人民出版社, 1965.

韓永愚, 『朝鮮前期社會經濟研究』, 乙酉文化社, 1983.

韓永愚, 『朝鮮前期社會思想研究』, 知識産業史, 1983.

韓儒林 外, 『元朝史』, 人民出版社, 1986.

論文

姜萬吉, 「朝鮮前期工匠考」, 『史學硏究』 12, 1961.

姜萬吉, 「京江商人硏究」, 『亞細亞硏究』 14-2, 1971.

姜晋哲, 「韓國土地制度史(上)」, 高麗大民族文化硏究所, 1965.

姜祥潭, 「麗末鮮初의 屯田에 關한 一考察」, 『釜山史學』 14·15, 1988.

權泰煥·愼鏞廈, 「李朝時代 人口推定에 關한 一試論」, 『東西文化』 14, 1982.

金柄夏, 「李朝前期의 貨幣流通」, 『慶熙史學』 2, 1970.

金成俊, 「朝鮮守令七事와 牧民心鑑」, 『民族文化硏究』 21, 1988.

金龍國, 「서울遷都의 動機와 顚末」, 『鄕土서울』 1, 1957.

金容坤, 「朝鮮前期 漕軍」, 『明知史論』 1, 1983.

金容坤, 「朝鮮前期 軍糧米의 確保와 運送」, 『韓國史論』 7, 1980.

金鎭鳳, 「朝鮮初期의 貢物代納制」, 『史學硏究』 22, 1973.

金鎭鳳, 「朝鮮前期의 貢物防納에 對하여」, 『史學硏究』 26, 1973.

金泰永, 「科田法體制下의 土地生産力과 量田」, 『韓國史硏究』 40, 1983.

宮原兔一, 「15·6世紀朝鮮における地方市」, 『朝鮮學報』 9, 1956.

宮原兔一, 「朝鮮初期の銅錢について」, 『朝鮮學報』 2, 1951.

宮原兔一, 「朝鮮初期の楮貨について」, 『東洋史學論集』 3, 1954.

宮嶋博士, 「朝鮮農業史上における十五世紀」, 『朝鮮史叢』 3, 1980.

北村秀人, 「高麗時代の漕倉制について」, 『朝鮮歷史論集(上)』, 1979.

朴時亨, 「李朝田稅制度의 成立過程」, 『震檀學報』 14, 1941.

朴廣成, 「金浦掘浦와 轉漕倉에 對하여」, 『畿甸文化硏究』 1, 1972.

朴克采, 「朝鮮封建社會의 停滯的本質」, 『李朝社會經濟史』, 1946.

朴元善, 「坐商:韓國商法史的 考察」, 『法史學硏究』 6, 1981.

朴定子, 「李朝初期 公田-民田의 財政節次에 對하여」, 『叔大史論』 6, 1971.

四方 博, 「舊來の朝鮮社會の歷史的性格について」, 『朝鮮學報』 1, 1951.

三島 一, 「宋の賣牒について」, 『史學雜誌』 40-2, 1929.

孫弘烈, 「高麗末期의 倭寇」, 『史學志』 9, 1975.

安啓賢, 「朝鮮前期의 僧軍」, 『東方學志』 13, 1972.

安秉直, 「朝鮮에 있어서의 封建的 土地所有의 性格」, 『經濟史學』 2, 1978.

安秉珆, 「商品經濟의 發展과 思想」, 『朝鮮史研究會論文集』 5, 1968.

吳泳謹, 「李朝의 陸運 漕運에 對한 研究」, 『全北史學』 3, 1985.

吳泳謹, 「李朝都市의 社會經濟構造分析」, 『全北大論文集』 15, 1973.

奧平昌洪, 「朝鮮通寶錢考」, 『市村博士古稀記念東洋史論叢』, 1933.

龍池 淸, 「明代に於ける賣牒」, 『東方學報(東京)』 11-2, 1940.

柳承宙, 「朝鮮前期後半의 銀鑛業研究」, 『震檀學報』 55, 1983.

劉元東, 「韓國商工業史」, 『韓國文化史大系 I』, 1965.

劉元東, 「서울六矣廛研究」, 『歷史學報』, 1955.

劉元東, 「商業」, 『韓國史』 10, 1974.

李景植, 「16世紀 地主層의 動向」, 『歷史教育』 19, 1976.

李景植, 「朝鮮初期 屯田의 設置와 經營」, 『韓國史研究』 21·22, 1978.

李景植, 「16世紀 場市의 成立과 그 基盤」, 『韓國史研究』 57, 1987.

李光麟, 「號牌考」, 『白樂濬博士還甲記念論叢』, 1955.

李光麟, 「京主人研究」, 『人文科學』 7, 1962.

李能植, 「麗末鮮初의 貨幣制度」, 『震檀學報』 16, 1949.

李大熙, 「李朝時代の漕運制について」, 『朝鮮學報』 23, 1962.

李樹健, 「朝鮮初期 戶口研究」, 『嶺南大論文集 人文科學』 5, 1971.

李載龒, 「朝鮮初期屯田考」, 『歷史學報』 29, 1965.

李泰鎭, 「15·16世紀 新儒學 定着의 社會經濟的 背景」, 『奎章閣』 5, 1981.

李泰鎭, 「東아시아 경제변동과 정치·사회적 변동」, 『朝鮮儒教社會史論』, 1989.

田壽炳, 「朝鮮太宗代의 貨幣政策」, 『韓國史研究』 40, 1981.

田村專之助, 「高麗末期に於ける楮貨制採用問題」, 『歷史學研究』 7-3, 1937.

周藤吉之, 「高麗末期より朝鮮初期に至る織物業の發達」, 『社會經濟史學』

12~3, 1942.

中村榮孝, 「漢江と落東江」, 『靑丘學叢』 12, 1926.

千寬宇, 「磻溪隨錄研究(上)」, 『歷史學報』 2, 1952.

千寬宇, 「韓國土地制度史(下)」, 『韓國文化史大系Ⅱ』, 1965.

崔永俊, 「南漢江 水運硏究」, 『地理學』 35, 1987.

崔完基, 「朝鮮前期 漕運試考」, 『白山學報』 20, 1976.

崔完基, 「朝鮮前期의 穀物賃運考」, 『史叢』 23, 1979.

崔完基, 「高麗朝의 稅穀運送」, 『韓國史研究』 34, 1981.

蔡雄錫, 「高麗前期 貨幣流通의 基盤」, 『韓國文化』 9, 1988.

韓相權, 「16世紀 對中國 私貿易의 展開」, 『金哲埈博士華甲記念史學論叢』, 1983.

韓永愚, 「太宗·世宗朝의 對私田施策」, 『韓國史研究』 3, 1969.

韓㳓劢, 「麗末鮮初의 佛敎政策」, 『서울大論文集 人文社會科學』 6, 1957.

韓㳓劢, 「世宗朝에 있어서의 對佛敎施策」, 『震檀學報』 25·26·27, 1964.

丸龜金作, 「高麗の十二漕倉に就いて」, 『靑丘學叢』 21·22, 1935.

Abstract

A Study on the Social and Economic History in the Early Choson Dynasty

Lee, Chong-Young

The Choson dynasty had the concentrating national power on the feudal system where the newly rising governing classes controled and reconstructed the governing system of Koryo in their behalf.

In early period of the Choson dynasty, they concentrated their effort on the structuring of economic base in order to settle and construct this powerful feudal system. Various laws such as a government-issued tag for identification(號牌) and counting the number of field(量田事業) were issued to stabilize economic base. However, as the social background changed, these systems supplied variable equipments in their contents and meanings.

The paper aims at the comprehending social structure of certain part of early Choson dynasty viewing some cases that demonstrate the effort to construct economic base of Choson dynasty.

The First Chapter deals the law of Buddhist monks certification. At that time, many monks did not have their certificates and the government saved these people by giving them the certificates of military service and public works-service. So, the certificate under an earlier law identified status, exempting the bearer from military service.

This exempt caused an increase of monks who flew to the temples to avoid the service. Moreover, among the law offended monks, there were a large number of military service bearer and private and public slaves. Therefore, soon it became necessary to separate bona-fides from dodgers, and the certificates were primarily given to the bona-fide monks fit in the law of Buddhist monk certification. In this way, the government-issued tag for monk identification is to reassure the privilege of the certificates which assure the status of monks and the fact of exempting them from military service. The certificates were given to the old aged monks, those of known reputation, or people who worked on national projects as same value as the special certificates(度牒).

The Second chapter treats the problem of Tun-jon(屯田). Early in the Choson dynasty, the equipment and demolish of Official(provincial) Tun-jon (官屯田) and Tun-jon given per house(戶給屯田) occurred repeatedly. The change from Official Tun-jon to Tun-jon given per house primarily reflected the intention which prevented the gentleman class from the private uses and aimed to gain the profit of nation in addition to the purpose of eradicating the sufferings subjects.

In the Third Chapter, the attempt to establish a monetary currency system was discussed. In the early Choson dynasty, government put an effort to control the economy by prohibiting of the use of cloth and rice as currency. Nevertheless, the currency of cloth and rice were still actively utilized because in the absence of government credit backing, the paper and copper coin currency was not honored in the market where the rice and cloth remained the media of exchange. Therefore, the use of currency was limited to the capital. The tax payment by currency was imputed only to makers and merchants in Capital.

The Fourth chapter discusses the problem of rice collected for taxes and tribute from southwestern region of the Peninsula. In the Choson dynasty, the taxes and tributes collected from provinces were to be transported to the Capital by ship, and there was always the danger of shipwreck. Especially navigational difficulties were encountered off An-hung promontory where the waters are turbulent and shipwreck of boats loaded with rice was a yearly event. The royal government contemplated with the excavation of a canal that would by-pass the area by cutting across a distance of some three miles at the base of the promontory. After a laborious period, the canal system was finally completed but it failed.

찾아보기

金佐明　171, 177
金之純　161
金孝孫　163

【ㄴ】

南誾　160
奴婢餘貢楮貨　80
盧思愼　21, 129, 168

【ㄷ】

大同法　184
大市　140
大牛浦　150
逃亡奴婢役價　96
도첩법　15
度牒丁錢　80, 117
度牌　36
敦衣島　165
동 수입가　94
동전가　99
동전 개발　93
동전 발행　84
동전 발행론　88
동전 유출　104
동전 전용　92
東拓　194
屯兵制　47
屯戍軍　49

【ㅁ】

孟思誠　107
巫女業中稅　80, 143
巫女業中餘貢　97

無屯田　53
務本抑末　139
無牒僧　17
無牌僧　25
文定王后　31
閔鼎重　169

【ㅂ】

朴文秀　36
朴瑞生　104
朴守良　28, 173, 197
朴子靑　163, 167
朴忠侃　176
白環　137
卞季良　100, 143
普雨　40
富國　136, 144
不用銅錢者 糾察條件　90

【ㅅ】

沙渡浦　164
私物添載　179
私船　155
司贍寺 貯藏 저화량　128
『三峯集』　49
三田渡　23
生財之門　144
徐崦　38
徐必遠　176, 181
船軍　51
設倉陸輸案　171, 175
成渾　176
歲貢楮貨　97, 143
蘇世讓　173, 197

【ㅇ】

【ㅈ】

저자 **李鍾英**

1927년 경남 밀양 출생
연희대학교 전문부 상과, 사학과 졸업(문학사)
연세대학교 대학원 사학과 졸업(한국사 전공, 문학석사, 문학박사)
연세대학교 문과대학 사학과 교수
연세대학교백년사편찬위원회 위원장
연세대학교 문과대학장, 국학연구원장
한국사연구회 대표간사, 국사편찬위원회 위원 역임
1992년 작고

연세국학총서 31

朝鮮前期社會經濟史研究

李 鍾 英

2003년 4월 25일 초판 1쇄 인쇄
2003년 4월 30일 초판 1쇄 발행

펴낸이 · 오일주
펴낸곳 · 도서출판 혜안
등록번호 · 제22-471호
등록일자 · 1993년 7월 30일

㉾ 121-836 서울시 마포구 서교동 326-26번지 102호
전화 · 3141-3711∼2 / 팩시밀리 · 3141-3710
E-Mail hyeanpub@hanmail.net

ISBN 89 - 8494 - 180 - 8   93910
값 14,000원